# Python Profesional: Fundamentos Profundos

*De Cero a Desarrollador Backend y Dat*





Primera edición — 2026

ISBN: 978-956-03-0669-2

### Marcas registradas

«Python» y el logotipo de Python son marcas registradas de la Python Software Foundation. "Python" and the Python Logo are trademarks of the Python Software Foundation. Este libro no está afiliado, patrocinado ni respaldado por la Python Software Foundation.

Los demás nombres de productos, servicios y empresas mencionados en esta obra pueden ser marcas registradas de sus respectivos propietarios y se utilizan únicamente con fines identificativos y descriptivos.

### Aviso de responsabilidad

El autor ha puesto su mejor esfuerzo en la preparación de este libro, pero no ofrece garantía alguna sobre la exactitud o integridad de su contenido. Los ejemplos de código se proporcionan con fines educativos y deben ser evaluados antes de su uso en entornos productivos.

# Tabla de Contenidos

# Índice Detallado

# PREFACIO DE LA PRIMERA EDICIÓN

Esta obra nació de una pregunta sencilla: ¿por qué los libros técnicos de programación suelen ser áridos, crípticos o abrumadores para quien recién comienza?

La respuesta que encontré, después de años enseñando programación y construyendo sistemas en producción, es que la mayoría de los libros técnicos están escritos para alguien que ya sabe programar. Explican el qué y el cómo, pero rara vez el por qué, el cómo funciona por dentro, o qué sucede cuando algo sale mal en el mundo real.

Python Profesional: De Cero a Desarrollador Backend y Data nació para ser diferente. Cada capítulo explora no solo la sintaxis, sino los mecanismos internos del intérprete, las analogías que anclan los conceptos difíciles, los errores más comunes en producción y los patrones que usan los equipos de ingeniería de las mejores empresas del mundo.

Este libro no pretende cubrir todo Python. Pretende darte los cimientos tan sólidos que todo lo demás que aprendas tenga un lugar donde apoyarse. Un programador que entiende cómo funciona la memoria, por qué las listas son mutables y los strings no, cómo Python resuelve los nombres de variables, y qué ocurre exactamente cuando haces session.commit() en SQLAlchemy — ese programador puede leer documentación, depurar errores y diseñar sistemas. El que solo memorizó la sintaxis, no.

Esta primera edición cubre diecisiete capítulos: los fundamentos del lenguaje (capítulos 1 a 12), las bibliotecas científicas esenciales NumPy y Pandas (capítulos 13 y 14), acceso profesional a bases de datos con SQLAlchemy (capítulo 15), testing con pytest (capítulo 16) y despliegue con Docker (capítulo 17). Es el libro que hubiera querido tener cuando empecé.

Espero que lo disfrutes tanto como yo disfruté escribirlo.

II

# RECONOCIMIENTOS

Un libro, aunque lleve un solo nombre en la portada, es siempre el resultado de muchas personas.

A la comunidad de Python, que en treinta años ha construido uno de los ecosistemas de software más generosos y colaborativos de la historia. Guido van Rossum, Tim Peters, los miles de contribuidores de CPython, los mantenedores de NumPy, Pandas, FastAPI, SQLAlchemy y pytest: este libro existe sobre los hombros de su trabajo.

A Sebastián Ramírez (tiangolo), creador de FastAPI, cuya filosofía de "hacer lo correcto fácil y lo incorrecto difícil" influyó profundamente en cómo pienso sobre el diseño de APIs. Sus conferencias y código abierto son un ejemplo de lo que la generosidad técnica puede lograr.

A Wes McKinney, creador de Pandas, y a Travis Oliphant, fundador de NumPy, por democratizar el análisis de datos científico en Python y hacer que millones de personas pudieran trabajar con datos sin necesitar un doctorado en ciencias de la computación.

A todos los estudiantes y desarrolladores que hicieron preguntas incómodas, señalaron explicaciones confusas y no se conformaron con "simplemente funciona así". Sus preguntas dieron forma a cada sección de este libro.

A los revisores técnicos que dedicaron horas a encontrar errores, inconsistencias y omisiones: su rigor hizo este libro más honesto.

Y a quien está leyendo esto: gracias por elegir aprender en serio.

III

# INTRODUCCIÓN

Python Professional: De Cero a Desarrollador Backend y Data está organizado en diecisiete capítulos que forman un arco de aprendizaje coherente. No es una colección de recetas independientes: cada capítulo construye sobre los anteriores y prepara el terreno para los siguientes.

Los capítulos 1 al 3 establecen la base conceptual más importante: cómo funciona el intérprete Python, qué son realmente las variables (referencias a objetos, no contenedores de valores), y la distinción entre objetos mutables e inmutables. Estos tres conceptos explican más bugs de Python que cualquier otro tema.

Los capítulos 4 al 6 cubren las estructuras de control y las estructuras de datos fundamentales: condicionales, bucles, listas. Se exploran en profundidad los mecanismos internos — el protocolo de iteración, la complejidad de las operaciones, el slicing y las comprensiones — no solo la sintaxis superficial.

Los capítulos 7 al 9 cubren los tipos de datos más usados en aplicaciones reales: strings con Unicode completo y expresiones regulares, diccionarios como tablas hash con complejidad O(1), y funciones como ciudadanos de primera clase con closures y decoradores.

El capítulo 10 aborda el manejo de errores, un tema que separa el código de aprendizaje del código de producción. El capítulo 11 cubre Programación Orientada a Objetos con la filosofía Python: clases como contratos, no como cajas negras.

El capítulo 12 introduce FastAPI para construir APIs REST modernas, tipadas y documentadas automáticamente — el punto de entrada al desarrollo backend profesional.

Los capítulos 13 y 14 cubren NumPy y Pandas, las bibliotecas fundamentales para computación científica y análisis de datos. Aquí comienza la ruta hacia data science y machine learning.

El capítulo 15 cubre SQLAlchemy 2.0, el ORM más poderoso del ecosistema Python, con soporte asíncrono nativo y type hints completos.

El capítulo 16 cubre testing profesional con pytest: cómo escribir tests que realmente protejan tu código, con fixtures, parametrización, mocking y tests de integración.

El capítulo 17 cierra el ciclo con Docker: cómo empaquetar y desplegar aplicaciones Python de forma reproducible, con multi-stage builds, Docker Compose y prácticas de seguridad en contenedores.

Cada capítulo tiene la misma estructura: fundamentos teóricos con internals del intérprete, una analogía visual, tabla de referencia rápida, código comentado con salida esperada, explicación línea a línea, errores frecuentes con sus soluciones, prácticas de producción, y ejercicios de práctica graduados.

No es necesario leer el libro de principio a fin, aunque se recomienda. Los capítulos 1-3 son especialmente importantes: sin entender las referencias y la mutabilidad, mucho del resto del libro resulta misterioso.

IV

# PARA QUIÉN ESTÁ DIRIGIDO ESTE LIBRO

Este libro está dirigido a tres perfiles de lector:

El principiante absoluto con experiencia en otro lenguaje. Si ya sabes Java, JavaScript, C#, Ruby o cualquier otro lenguaje de programación y quieres aprender Python correctamente, este libro es para ti. Asume que sabes qué es una variable, un bucle y una función, pero no asume ningún conocimiento previo de Python. Los capítulos de fundamentos te darán una base sólida, no solo sintaxis superficial.

El desarrollador Python intermedio que quiere consolidar su base. Si llevas uno o dos años usando Python — escribes scripts, haces scraping, construyes pequeñas APIs — pero sientes que hay conceptos que "funcionan pero no entiendes por qué", este libro llenará esos huecos. Los capítulos sobre referencias y mutabilidad, el modelo de memoria, los decoradores y el ORM de SQLAlchemy son especialmente valiosos para este perfil.

El estudiante de ciencias de la computación o ingeniería que necesita Python para datos. Si tu contexto es académico o científico y necesitas dominar NumPy, Pandas y las herramientas de análisis de datos, los capítulos 13 y 14 te darán la base rigurosa que los tutoriales rápidos nunca ofrecen.

Lo que este libro NO es: no es un curso de algoritmos o estructuras de datos avanzadas (aunque se tocan en el contexto de listas, diccionarios y conjuntos), no cubre frameworks web completos como Django, no es un libro de machine learning (aunque sienta las bases para aprender las bibliotecas de ML), y no pretende reemplazar la documentación oficial de Python, que es excelente.

Para sacar el máximo provecho del libro: escribe el código de cada capítulo, no lo copies. Tus dedos aprenden diferente a tus ojos. Haz los ejercicios antes de ver soluciones. Y cuando algo no funcione como esperabas, investiga por qué antes de pasar adelante.

V

# ¿POR QUÉ PYTHON?

Cada año, algún artículo proclama "el lenguaje X matará a Python". Cada año, Python sube en los rankings de popularidad. ¿Por qué?

La razón superficial es la demanda del mercado: Python es el lenguaje más solicitado en ofertas de trabajo de data science, machine learning e inteligencia artificial. Si quieres trabajar en esas áreas, Python es prácticamente obligatorio.

Pero la razón profunda es más interesante: Python tiene el mejor ecosistema científico y de datos jamás construido en un lenguaje de programación general. NumPy, Pandas, Scikit-learn, TensorFlow, PyTorch, Matplotlib, SciPy, Jupyter — todas estas bibliotecas están escritas en Python (con núcleos en C/C++ para rendimiento) y están diseñadas para interoperar perfectamente. Ningún otro lenguaje tiene algo comparable en amplitud y calidad.

Para backend, FastAPI ha redefinido lo que es posible en un framework Python moderno: rendimiento comparable a Node.js y Go, validación automática, documentación generada, tipado estático opcional. Django sigue siendo la opción más completa para aplicaciones web complejas. Flask para microservicios simples.

Python tiene también la curva de aprendizaje más amigable entre los lenguajes de producción. Su sintaxis es cercana al inglés, sus mensajes de error son informativos, y el REPL interactivo permite experimentar inmediatamente. Esto reduce drásticamente el tiempo entre "tener una idea" y "ver si funciona".

¿Tiene Python desventajas? Sí: el GIL limita el paralelismo de hilos en código CPU-bound, es más lento que C/C++/Rust/Go para código computacionalmente intenso (aunque esto se mitiga con NumPy, Cython y numba), y el tipado dinámico puede ocultar errores de tipo hasta runtime en proyectos grandes sin mypy.

Pero para la gran mayoría de las aplicaciones — APIs web, análisis de datos, automatización, machine learning, herramientas de línea de comandos, scripts de sistema — Python es la elección correcta: productiva, expresiva, con ecosistema enorme, y con una comunidad que valora la legibilidad y la honestidad intelectual.

Si ya estás leyendo este libro, probablemente ya elegiste Python. Elegiste bien.

**Capítulo 01**

# Introducción a Python

> *Python es interpretado, dinámicamente tipado, multiplataforma, y en él todo es un objeto.*

## Qué es Python y por qué domina la industria

Python fue creado por Guido van Rossum, un programador holandés que comenzó a desarrollarlo en 1989 durante las vacaciones de Navidad mientras trabajaba en el CWI (Centrum Wiskunde & Informatica) en Amsterdam. La primera versión pública, Python 0.9.0, fue lanzada en febrero de 1991. El nombre no proviene de la serpiente, sino del programa de comedia británico "Monty Python's Flying Circus", reflejo del sentido del humor de Van Rossum y su deseo de que el lenguaje fuera divertido de usar.

La filosofía de Python está resumida en el "PEP 20 — The Zen of Python", un conjunto de 19 aforismos escritos por Tim Peters. Los más importantes son: "Legible es mejor que difícil de leer", "Explícito es mejor que implícito", "Simple es mejor que complejo", y "Si la implementación es difícil de explicar, es una mala idea". Puedes leer estos principios ejecutando import this en cualquier intérprete de Python.

Hoy Python es consistentemente el lenguaje más popular del mundo según múltiples índices: TIOBE Index, Stack Overflow Developer Survey, GitHub Octoverse, y IEEE Spectrum. Lo usan Google (YouTube, Search), Instagram (el sitio web más grande construido en Django), Spotify (análisis de datos), NASA (simulaciones científicas), Netflix (pipeline de datos), y miles de startups para backend, ciencia de datos, automatización, inteligencia artificial y computación científica.

Python existe en varias implementaciones. La más común es CPython, la implementación de referencia escrita en C, que es lo que instalas cuando vas a python.org. Otras implementaciones incluyen PyPy (compilación JIT, hasta 5x más rápido para código puro Python), Jython (Python en la JVM de Java), MicroPython (para microcontroladores), y Brython (Python en el navegador). Cuando decimos "Python" sin especificar, nos referimos a CPython.

## Del código fuente al bytecode: cómo ejecuta el intérprete

Comprender cómo Python ejecuta tu código es fundamental para escribir código eficiente y depurar problemas difíciles. El proceso tiene cuatro etapas:

Etapa 1 — Tokenización y análisis léxico: cuando Python lee tu archivo .py, primero lo divide en "tokens": palabras clave (if, for, def), identificadores (nombres de variables y funciones), operadores (+, -, ==), literales (42, "hola", 3.14) y delimitadores ((), [], {}). Este proceso es realizado por el módulo tokenize de Python, que puedes explorar tú mismo con python -m tokenize script.py.

Etapa 2 — Construcción del AST (Abstract Syntax Tree): los tokens se organizan en un árbol que representa la estructura lógica del programa. Cada nodo del árbol es un elemento del lenguaje: una asignación, una llamada a función, un condicional. Puedes ver el AST de tu código con el módulo ast: import ast; print(ast.dump(ast.parse("x = 1 + 2"))).

Etapa 3 — Compilación a bytecode: el AST se compila a bytecode, un conjunto de instrucciones de bajo nivel para la Python Virtual Machine. El bytecode se guarda en archivos .pyc dentro de la carpeta __pycache__. Puedes ver el bytecode de una función con el módulo dis: import dis; dis.dis(mi_funcion). El bytecode es independiente del sistema operativo, lo que hace a Python verdaderamente multiplataforma.

Etapa 4 — Ejecución en la PVM (Python Virtual Machine): la PVM es un intérprete de bytecode que lee cada instrucción y la ejecuta. La PVM de CPython es un bucle gigante que evalúa instrucciones como LOAD_FAST, STORE_FAST, BINARY_ADD, CALL_FUNCTION, etc. Esta arquitectura es la razón por la que Python es más lento que C o Java en código computacionalmente intenso: cada instrucción Python corresponde a múltiples instrucciones de máquina.

El GIL (Global Interpreter Lock) es un mecanismo del CPython que garantiza que solo un hilo ejecute bytecode Python a la vez. Esto simplifica la gestión de memoria pero limita la concurrencia en programas multi-hilo CPU-bound. Para paralelismo real en CPython se usa multiprocessing (múltiples procesos) o async/await (concurrencia cooperativa para I/O-bound).

La gestión de memoria de Python usa conteo de referencias como mecanismo principal: cada objeto lleva un contador de cuántas referencias apuntan a él. Cuando el contador llega a cero, el objeto se libera inmediatamente. Para manejar ciclos de referencias (a apunta a b, b apunta a a), Python tiene un garbage collector cíclico que se ejecuta periódicamente.

> 🧠 **Analogía**
>
> Python es como un chef de cocina con un sous-chef organizador. Tu código es la receta escrita. El sous-chef (el compilador) primero lee la receta completa, verifica

> que tenga sentido, y la convierte a una lista de pasos numerados simplificados (el bytecode). Luego el chef principal (la PVM) ejecuta esa lista de pasos uno por uno, en orden, consultando la despensa (la memoria) para cada ingrediente (variable) que necesita. Si encuentra un paso que no puede ejecutar (una excepción), se detiene y te muestra exactamente dónde y por qué. No termina de cocinar para luego decirte que algo estaba mal.

## Sintaxis esencial: indentación, tipado dinámico y objetos

La sintaxis de Python fue diseñada para ser legible y minimalista. A diferencia de C, Java o JavaScript, Python no usa llaves {} para delimitar bloques de código ni punto y coma ; para terminar instrucciones. En cambio, usa la indentación (sangría) para definir la jerarquía del código.

Esta decisión fue controversial cuando Python fue diseñado, pero ha demostrado ser acertada: elimina debates sobre estilo de formateo (¿abrir la llave al final de la línea o en la siguiente?) y obliga a que el código visualmente indentado coincida con la estructura lógica real del programa. Un bloque mal indentado en Python siempre es un error; en otros lenguajes podría ser código perfectamente válido con comportamiento incorrecto.

PEP 8 es la guía de estilo oficial de Python. Sus reglas más importantes: usar 4 espacios por nivel de indentación (nunca tabulaciones), líneas de máximo 79 caracteres, dos líneas en blanco entre funciones y clases a nivel de módulo, una línea en blanco entre métodos dentro de una clase, nombres de variables y funciones en snake_case (mi_variable, calcular_total), nombres de clases en PascalCase (MiClase, CalculadoraImpuestos), constantes en MAYÚSCULAS (MAX_TAMANIO, PI).

Los comentarios se escriben con # y Python los ignora completamente. Los docstrings son strings de triple comilla que documentan módulos, clases y funciones. Son accesibles en tiempo de ejecución via atributo __doc__ y son la base de la función help().

| Elemento | Descripción y convención |
|---|---|
| `print("texto")` | Función built-in para salida en consola |
| `variable = valor` | Asignación — snake_case para nombres |
| `# comentario` | Ignorado por el intérprete — explica el por qué |
| `"""docstring"""` | Documentación accesible en runtime via __doc__ |
| `if / elif / else` | Condicionales — indentados 4 espacios |
| `for / while` | Bucles — misma indentación |
| `def nombre_funcion():` | Funciones — snake_case, dos líneas antes/después |
| `class NombreClase:` | Clases — PascalCase, dos líneas antes/después |
| `import modulo` | Importación — siempre al inicio del archivo |
| `from modulo import X` | Importación selectiva |

## Tu primer programa: tipos, variables y funciones built-in

Python

```
# Python tipifica dinámicamente — el tipo se infiere del valor
entero   = 42
decimal  = 3.14159
texto    = "Hola, Python!"
booleano = True
nulo     = None
complejo = 3 + 4j       # Python tiene tipo complejo nativo

# type() revela el tipo de cualquier objeto
print(type(entero))     # <class 'int'>
print(type(decimal))    # <class 'float'>
print(type(texto))      # <class 'str'>
print(type(nulo))       # <class 'NoneType'>

# Todo es objeto: incluso los tipos primitivos tienen métodos
print(entero.bit_length())  # 6 (bits para representar 42)
print(decimal.is_integer()) # False
print(texto.upper())        # HOLA, PYTHON!

# isinstance() verifica si un objeto es de cierto tipo
print(isinstance(42, int))        # True
print(isinstance(42, (int,float)))# True — acepta tupla de tipos
```

▶ **Salida esperada**

```
<class 'int'>

<class 'float'>

<class 'str'>

<class 'NoneType'>

6

False

HOLA, PYTHON!

True

True
```

## Anatomía del script paso a paso

La función type() es una de las herramientas de introspección más fundamentales de Python. Devuelve el objeto clase del argumento. En Python, a diferencia de lenguajes estáticamente tipados, el tipo de una variable puede cambiar durante la ejecución: x = 5 crea x como int, pero x = "hola" después crea x como str. No hay error.

El tipo NoneType tiene un único objeto, None, que representa la ausencia de valor. Es diferente de 0, de la cadena vacía "", de la lista vacía [], o de False. None tiene su propio tipo específico y es la forma pythónica de representar "sin valor" o "valor no inicializado".

El hecho de que entero.bit_length() funcione ilustra que incluso un número entero 42 es un objeto instancia de la clase int, con todos sus métodos y atributos. En C, un int es simplemente un bloque de memoria con un número. En Python, es un objeto completo.

isinstance() es preferible a type() == para verificar tipos en código de producción, porque también devuelve True para subclases. type(True) == int es False, pero isinstance(True, int) es True, porque bool es subclase de int en Python. Este comportamiento es más correcto en la mayoría de los casos.

### Introspección — explorar objetos en tiempo de ejecución

Python permite examinar cualquier objeto en tiempo de ejecución. Esta capacidad de introspección es una de las características más poderosas del lenguaje para debugging y desarrollo.

```python
# dir() lista todos los atributos y métodos de un objeto
print(dir(42))          # ['bit_length', 'conjugate', ...]
print(dir('hola'))      # ['capitalize', 'center', 'count', ...]

# help() muestra la documentación completa
# help(str.split)       # documentación de str.split

# vars() muestra el __dict__ de un objeto o módulo
import math
print(list(vars(math).keys())[:5])  # primeras 5 claves

# __doc__ accede al docstring directamente
print(str.split.__doc__[:80])   # primeros 80 chars del doc

# callable() verifica si algo puede ser llamado como función
print(callable(print))   # True — print es una función
print(callable(42))      # False — un entero no es callable
```

```
# hasattr() y getattr() acceden a atributos dinámicamente
texto = 'python'
print(hasattr(texto, 'upper'))          # True
metodo = getattr(texto, 'upper')
print(metodo())                         # PYTHON
```

**▶ Salida esperada**

```
(lista larga de métodos)
(lista larga de métodos)
['__doc__', '__loader__', '__name__', '__package__', '__spec__']
Split S..
True
False
True
PYTHON
```

## Errores del principiante y cómo evitarlos

> **⚠ Error frecuente**
>
> IndentationError: mixing tabs and spaces — mezclar tabulaciones y espacios. Python 3 no permite esto. Configura tu editor para convertir tabs a 4 espacios automáticamente.

> **⚠ Error frecuente**
>
> NameError: name 'x' is not defined — usar una variable

antes de asignarle valor. Python ejecuta de arriba hacia abajo; una variable debe asignarse antes de leerse en cualquier ruta de ejecución.

⚠ **Error frecuente**

SyntaxError: expected ':' — olvidar los dos puntos al final de if, for, while, def, class. Son obligatorios en Python para abrir un bloque indentado.

⚠ **Error frecuente**

ModuleNotFoundError — importar un módulo que no está instalado. Instálalo con pip install nombre_modulo dentro de tu entorno virtual activo.

## Python en producción: entornos virtuales y empaquetado

**En producción**

En proyectos reales Python profesional se usan estas herramientas: pyenv para gestionar múltiples versiones de Python en el mismo sistema, venv o conda para entornos virtuales aislados, pip-tools o Poetry para gestión de dependencias reproducible, black para formateo automático de código (PEP 8), flake8 o ruff para linting, mypy para verificación de tipos estáticos, y pre-commit hooks para verificar todo antes de hacer commit.

> **Consejo profesional**
>
> Ejecuta python -c 'import this' en tu terminal para leer el Zen de Python. Luego ejecuta python -m tokenize script.py y python -m dis script.py para ver el tokenizador y el bytecode en acción. Son herramientas extraordinarias para entender qué hace Python con tu código.

## Resumen: fundamentos del lenguaje

- Python fue creado por Guido van Rossum en 1991 con filosofía de legibilidad y simplicidad.
- El intérprete CPython convierte el código a bytecode que ejecuta la Python Virtual Machine (PVM).
- El GIL limita el paralelismo de hilos en CPython; se usa multiprocessing o async para concurrencia.
- La gestión de memoria usa conteo de referencias más garbage collector para ciclos.
- Todo en Python es un objeto: enteros, strings, funciones, clases, módulos y None.
- El tipado es dinámico: el tipo se infiere del valor y puede cambiar durante la ejecución.
- PEP 8 es la guía de estilo oficial: snake_case, 4 espacios, líneas de 79 chars.
- isinstance() es preferible a type() == para verificar tipos en producción.

## Ejercicios: primeros pasos con Python

1. Instala Python 3.11+, crea un entorno virtual con python -m venv env, actívalo y verifica la versión.
2. Ejecuta python -m tokenize sobre un script y analiza qué tokens genera cada línea de código.
3. Usa el módulo dis para ver el bytecode de una función simple. Identifica las instrucciones LOAD_FAST y STORE_FAST.

4. Usa dir() e isinstance() para explorar 5 objetos distintos. ¿Qué métodos comparten todos?
5. Lee el Zen de Python (import this) y escribe un párrafo sobre cuál principio te parece más importante y por qué.
6. Investiga la diferencia entre CPython y PyPy. ¿Para qué tipo de programas es más rápido PyPy?

# Referencias y Objetos en Memoria

> *En Python las variables son etiquetas que apuntan a objetos; no son cajas que contienen valores.*

## Variables como etiquetas: el modelo de referencias

El modelo de memoria de Python es fundamentalmente diferente al de lenguajes como C, C++ o incluso Java (para tipos primitivos). Comprender este modelo es quizás la llave más importante para pasar de ser un programador Python principiante a uno intermedio, porque explica comportamientos que de otro modo parecen mágicos, erróneos o inconsistentes.

En C, cuando escribes int a = 5, el sistema operativo reserva un bloque de memoria (típicamente 4 bytes), escribe el valor 5 en esos bytes, y el nombre a es simplemente un alias para esa dirección de memoria. El valor 5 vive directamente en el espacio de a. Si haces int b = a, se copia el valor 5 en un nuevo bloque de memoria para b. Ahora tienes dos bloques independientes, cada uno con el valor 5.

En Python esto no funciona así. Cuando escribes a = 5, Python primero crea un objeto de tipo int con valor 5 en algún lugar del heap de memoria. Este objeto tiene tres componentes: su tipo (int), su valor (5), y un contador de referencias (cuántas variables apuntan a él). Luego Python crea en el namespace actual una entrada con el nombre "a" que apunta a la dirección de ese objeto.

Cuando haces b = a, Python no crea un nuevo objeto. Simplemente crea una nueva entrada en el namespace con el nombre "b" que apunta a la misma dirección de memoria que "a". Ahora tienes un solo objeto en memoria con dos nombres (referencias) apuntando a él. El contador de referencias del objeto es 2.

Este diseño tiene consecuencias profundas. Para objetos inmutables (int, str, tuple) no importa: si "modificas" a, Python crea un nuevo objeto y redirige a para que apunte a él, sin afectar a b. Para objetos mutables (list, dict, set), una modificación a través de b también se verá reflejada cuando accedas a través de a, porque ambos apuntan al mismo objeto.

## Conteo de referencias y recolección de basura en CPython

Cada objeto Python en memoria tiene una estructura interna precisa. En CPython, implementada en C, cada objeto comienza con una cabecera que contiene: un puntero al objeto tipo (que define qué es el objeto), y el contador de referencias (ob_refcnt en el código C). Después de la cabecera viene el valor real del objeto.

El contador de referencias se incrementa cada vez que una nueva referencia apunta al objeto: cuando lo asignas a una variable, cuando lo pasas como argumento a una función, cuando lo incluyes en una lista o diccionario, cuando una función crea una referencia temporal al evaluarlo. Se decrementa cuando una variable es reasignada (apunta a otro objeto), cuando la variable sale del scope (fin de función), cuando se elimina con del, o cuando el contenedor que lo incluía es modificado.

Cuando el contador llega exactamente a cero, Python libera la memoria del objeto inmediatamente. Esta liberación inmediata es una ventaja del conteo de referencias sobre los garbage collectors de Java o Go: no hay pausas impredecibles de "stop-the-world". Sin embargo, el conteo de referencias tiene un problema: los ciclos. Si el objeto A tiene una referencia al objeto B, y el objeto B tiene una referencia al objeto A, ambos tendrán contador > 0 aunque ninguna variable externa los referencie. Para manejar esto, CPython tiene un garbage collector cíclico adicional que se ejecuta periódicamente.

Python también implementa varias optimizaciones de memoria. La más notable es el small integer cache: los enteros entre -5 y 256 se crean una sola vez al iniciar el intérprete y nunca se destruyen. Cuando asignas x = 100, Python no crea un nuevo objeto 100; simplemente devuelve una referencia al objeto 100 que ya existe. Esto significa que id(100) == id(100) siempre es True. Para enteros fuera de este rango (como 1000), Python puede o no reutilizar el objeto, dependiendo del contexto.

**Analogía**

Imagina una ciudad (la memoria del computador) llena de edificios (los objetos). Cada edificio tiene un número de registro único (el id del objeto), fue construido con un propósito específico (el tipo: int, str, list), y tiene un contador en la puerta que dice cuántas personas tienen su llave (el contador de referencias). Las variables son como llaveros. Cuando haces a = [1,2,3], construyes un edificio-lista y le das a "a" la llave. Cuando haces b = a, haces una copia de la llave y se la das a "b". Ahora dos personas tienen llave al mismo edificio. Si b entra al edificio y reorganiza los muebles (modifica la lista), a verá los muebles reorganizados la próxima vez que entre, porque es el mismo edificio. Cuando haces a = [4,5,6], a recibe la llave de un edificio nuevo. El edificio original [1,2,3] ahora solo tiene la llave de b. Su contador baja a 1. Si luego haces del b, el contador baja a 0 y la ciudad demolerá el edificio automáticamente, liberando el espacio.

## Identidad frente a igualdad: is, == y el operador id()

Para trabajar con el modelo de referencias Python ofrece herramientas de introspección que permiten examinar los objetos directamente. Son esenciales para debugging y para entender el comportamiento del programa.

| Herramienta / Operador | Descripción y uso |
|---|---|
| `id(objeto)` | Devuelve la dirección de memoria del objeto (entero único) |
| `type(objeto)` | Devuelve el tipo del objeto |
| `a is b` | True si a y b apuntan al MISMO objeto (mismo id) |
| `a is not b` | True si a y b apuntan a DIFERENTES objetos |
| `a == b` | True si a y b tienen el mismo VALOR (pueden ser objetos distintos) |
| `sys.getrefcount(a)` | Número de referencias al objeto (siempre +1 por la llamada) |
| `copy.copy(obj)` | Copia superficial: nuevo contenedor, mismos elementos |
| `copy.deepcopy(obj)` | Copia profunda: todo el árbol de objetos es copiado |

## Explorando referencias con id() y sys.getrefcount()

```
Python
import sys

# Demostración del modelo de referencias
a = [1, 2, 3]
b = a

print(f'id(a): {id(a)}')
print(f'id(b): {id(b)}')
print(f'Son el mismo objeto: {a is b}')        # True
print(f'Referencias al objeto: {sys.getrefcount(a)}')  # 3

# Modificar a través de b afecta a
b.append(4)
print(f'a después de b.append(4): {a}')        # [1, 2, 3, 4]

# Reasignar b NO afecta a
b = [10, 20]
print(f'a después de b = [10,20]: {a}')        # [1, 2, 3, 4]
print(f'a is b ahora: {a is b}')               # False

# Copia superficial vs profunda
import copy
original = [[1, 2], [3, 4]]
superficial = copy.copy(original)
profunda = copy.deepcopy(original)
```

```
original[0].append(99)

print(f'superficial: {superficial}')   # [[1,2,99],[3,4]] - comparte sublistas

print(f'profunda:    {profunda}')      # [[1,2],[3,4]]    - completamente independiente
```

▶ **Salida esperada**

```
id(a): 140234567890 (varía)

id(b): 140234567890 (mismo)

Son el mismo objeto: True

Referencias al objeto: 3

a después de b.append(4): [1, 2, 3, 4]

a después de b = [10,20]: [1, 2, 3, 4]

a is b ahora: False

superficial: [[1, 2, 99], [3, 4]]

profunda:    [[1, 2], [3, 4]]
```

## Rastreando objetos en memoria línea a línea

sys.getrefcount(a) devuelve 3 porque hay tres referencias al objeto: la variable a, la variable b, y la referencia temporal creada por la propia llamada a getrefcount.

Cuando hacemos b.append(4), estamos llamando a un método del objeto lista. El objeto lista se modifica internamente. Como a y b apuntan al mismo objeto, ambos "ven" el cambio. El objeto no fue reemplazado; fue modificado in-place.

Cuando hacemos b = [10, 20], creamos un nuevo objeto lista y hacemos que b apunte a él. Esto no afecta al objeto original ni a la variable a. a sigue apuntando al objeto [1, 2, 3, 4]. Ahora b apunta a un objeto diferente.

La diferencia entre copia superficial y profunda es crucial para listas anidadas (matrices, árboles, grafos). La copia superficial (copy.copy()) crea un nuevo contenedor pero los elementos internos siguen siendo las mismas referencias. La copia profunda (copy.deepcopy()) recorre recursivamente toda la estructura y crea copias independientes de cada objeto. Para listas simples (sin anidación), copy() y deepcopy() producen el mismo resultado.

### El paso de argumentos a funciones y sus implicaciones

Python usa 'paso por referencia de objeto' (call by object reference o call by sharing). La función recibe una referencia al mismo objeto, no una copia. Esto tiene implicaciones importantes que todo programador Python debe conocer.

```python
def demostrar_paso_por_referencia():
    lista = [1, 2, 3]
    print(f'Antes: {lista}, id={id(lista)}')

    def modificar(lst):
        lst.append(99)      # modifica el objeto original
        print(f'Dentro:  {lst}, id={id(lst)}')

    def reasignar(lst):
        lst = [10, 20]      # reasigna la variable LOCAL
        print(f'Reasign: {lst}, id={id(lst)}')
```

```
    modificar(lista)

    print(f'Tras modificar: {lista}')     # [1, 2, 3, 99]


    reasignar(lista)

    print(f'Tras reasignar: {lista}')     # [1, 2, 3, 99] SIN
cambio


demostrar_paso_por_referencia()


# Solución: pasar una copia cuando no quieres efectos
secundarios

def sin_efectos(lst):

    lst = lst.copy()    # trabajar sobre una copia local

    lst.append(99)

    return lst


original = [1, 2, 3]

resultado = sin_efectos(original)

print(f'Original: {original}')  # [1, 2, 3] — intacto

print(f'Resultado: {resultado}') # [1, 2, 3, 99]
```

▶ **Salida esperada**

```
Antes: [1, 2, 3], id=...

Dentro:  [1, 2, 3, 99], id=... (mismo)

Reasign: [10, 20], id=... (distinto)

Tras modificar: [1, 2, 3, 99]

Tras reasignar: [1, 2, 3, 99]
```

```
Original: [1, 2, 3]

Resultado: [1, 2, 3, 99]
```

## Alias inesperados y copias superficiales

> ⚠ **Error frecuente**
>
> Creer que b = a crea una copia independiente para listas, diccionarios o cualquier objeto mutable. Solo crea una segunda referencia al mismo objeto. Para copias, usa .copy(), list(), dict(), o copy.deepcopy().

> ⚠ **Error frecuente**
>
> Usar == cuando deberías usar is para comparar con None. if valor == None puede dar resultados inesperados si el objeto sobreescribe __eq__. Siempre usa if valor is None.

> ⚠ **Error frecuente**
>
> No pasar una copia a funciones que modifican su argumento. Si una función llama a .append(), .sort(), .update() o .pop() sobre su parámetro, el objeto original fuera de la función también cambia.

> ⚠ **Error frecuente**
>
> Confundir copia superficial y profunda para estructuras anidadas. copy.copy([[1,2],[3,4]]) no crea sublistas independientes; las sublistas siguen siendo

compartidas.

## Gestión de memoria en aplicaciones reales

**En producción**

En APIs REST y pipelines de datos es un patrón común recibir un diccionario o lista de la base de datos y transformarlo antes de devolverlo. Siempre trabaja sobre una copia para no modificar el objeto original: datos_respuesta = datos_db.copy(). En código de alta performance con objetos grandes, considera si realmente necesitas copiar o si puedes trabajar in-place de forma segura.

**Consejo profesional**

La función sys.getsizeof(objeto) devuelve el tamaño en bytes de un objeto Python. Útil para entender el uso de memoria: sys.getsizeof([]) es 56 bytes (cabecera de lista vacía), sys.getsizeof([1,2,3]) es 88 bytes (56 + 3 punteros de 8 bytes). Para objetos complejos usa la biblioteca pympler que hace un análisis recursivo.

## Resumen: referencias y modelo de objetos

- En Python las variables son referencias (punteros) a objetos en memoria, no contenedores de valores.
- Cada objeto tiene tres componentes: tipo (type), identidad (id/dirección) y contador de referencias.
- b = a crea una segunda referencia al mismo objeto para tipos mutables — no una copia.

- is compara identidad de objeto (mismo id); == compara igualdad de valor.
- El garbage collector libera objetos cuando su contador de referencias llega a cero.
- copy.copy() hace copia superficial (un nivel); copy.deepcopy() hace copia completa del árbol.
- Las funciones reciben referencias a los mismos objetos — modificarlos afecta al original.
- Los enteros -5 a 256 son cacheados: siempre el mismo objeto para ese rango.

## Ejercicios: memoria y referencias

7. Usa id() para verificar que a = [1,2]; b = a crea referencias al mismo objeto. Cambia b = a.copy() y verifica que ahora son distintos.
8. Demuestra con sys.getrefcount() cómo el contador sube cuando añades el objeto a una lista.
9. Experimenta con la reasignación vs modificación dentro de una función. ¿Cuándo se ve el cambio fuera?
10. Crea una lista de listas y compara copy.copy() vs copy.deepcopy() modificando un elemento anidado.
11. Investiga el small integer cache: ¿es el mismo objeto id(256) == id(256)? ¿Y id(257) == id(257)?
12. Escribe una función que reciba un diccionario y lo modifique sin afectar el original usando deepcopy.

# Mutabilidad e Inmutabilidad

> *Los objetos inmutables no pueden cambiar después de crearse. Los mutables sí. Esta distinción determina cómo Python gestiona la memoria y qué operaciones son seguras.*

## Qué significa que un objeto sea mutable o inmutable

La distinción entre objetos mutables e inmutables es uno de los conceptos más importantes de Python, y también uno de los más frecuentemente malentendidos. No se trata de una restricción arbitraria del lenguaje: tiene razones profundas de diseño relacionadas con la seguridad, la eficiencia y la corrección de los programas.

Un objeto inmutable es aquel cuyo estado interno no puede cambiar después de crearse. Cuando "modificas" un objeto inmutable, Python siempre crea un nuevo objeto con el nuevo valor y redirige la referencia. Los tipos inmutables son: int, float, complex, bool, str, bytes, tuple y frozenset.

Un objeto mutable puede cambiar su contenido sin crear un nuevo objeto. La misma dirección de memoria, el mismo objeto, pero con diferentes datos. Los tipos mutables principales son: list, dict, set, bytearray, y todos los objetos de clases definidas por el usuario (a menos que se implementen restricciones específicas).

¿Por qué tiene sentido que los strings sean inmutables? Por seguridad y por eficiencia. Si los strings fueran mutables, sería imposible usarlos como claves de diccionario de forma segura: si pudieras modificar una clave después de insertarla, el hash del objeto cambiaría y el diccionario ya no podría encontrar la entrada.

Además, la inmutabilidad permite compartir strings en memoria sin riesgo: si tienes un string muy largo usado en 1000 lugares del código, Python puede (y lo hace, con string interning) mantener solo una copia.

¿Por qué las listas son mutables? Por practicidad. Necesitamos colecciones que puedan crecer, reducirse y modificarse. Si las listas fueran inmutables, agregar un elemento requeriría crear una lista completamente nueva con todos los elementos anteriores más el nuevo, lo cual sería O(n) en tiempo y memoria para cada operación.

## Por qué Python trata distinto a listas y tuplas

Para entender la mutabilidad a nivel profundo, necesitamos examinar qué ocurre exactamente en memoria con cada tipo.

Con los enteros (inmutables): el objeto int en CPython almacena su valor como un array de "dígitos" en base 2^30 (para enteros grandes) o directamente como un long en C (para enteros pequeños). Este array no puede modificarse. Cuando haces x = x + 1, Python evalúa x + 1 (crea un nuevo int con el valor suma), y luego redirige x para apuntar a ese nuevo objeto. El objeto original no fue tocado.

Con las cadenas (inmutables): el objeto str almacena los caracteres en un buffer interno que no puede modificarse. Métodos como upper(), replace(), strip() crean nuevos objetos str con el resultado. Nunca modifican el string original. Esto hace que sea seguro tener múltiples referencias al mismo string.

Con las listas (mutables): el objeto list mantiene internamente un array de punteros a otros objetos. Métodos como append(), insert(), sort(), pop() modifican este array directamente. El objeto lista en sí (su dirección de memoria) permanece el mismo, pero su contenido interno cambia. Por eso el id() de una lista no cambia después de un append().

El concepto de hashabilidad está directamente ligado a la inmutabilidad. Una función hash convierte un objeto en un número entero que debe ser constante durante toda la vida del objeto. Si un objeto pudiera cambiar, su hash cambiaría, y los diccionarios y sets que dependen del hash para organizar sus datos quedarían en un estado inconsistente. Por esto, solo los objetos inmutables son hashables y pueden ser claves de diccionario o elementos de set.

> **Analogía**
>
> Imagina dos tipos de contratos: en piedra y en pizarra. Un contrato en piedra (objeto inmutable) es permanente: una vez grabado, no puede alterarse. Si quieres modificar los términos, necesitas grabar un nuevo contrato en una piedra nueva. Un contrato en pizarra (objeto mutable) puede borrarse y reescribirse tantas veces como sea necesario, sin crear un nuevo trozo de pizarra. Los strings son contratos en piedra: 'hola'.upper() no modifica el contrato 'hola', sino que crea un contrato nuevo 'HOLA'. Las listas son contratos en pizarra: lista.append(4) modifica el contrato existente, no crea uno nuevo. Si dos personas tienen una copia de la dirección del mismo contrato en pizarra (dos referencias a la misma lista), ambas verán los cambios que cualquiera de las dos haga.

## Tipos inmutables: tuplas, frozenset y str

La forma más directa de distinguir mutables de inmutables es intentar una modificación in-place. Los inmutables lanzan TypeError. La función hash() también discrimina: los mutables no son hashables.

| Tipo / Operación | Mutable / Inmutable / Nota |
|---|---|
| `int, float, complex` | Inmutable — hash() funciona |
| `bool` | Inmutable — subclase de int (True==1, False==0) |
| `str` | Inmutable — hash() funciona, ideal como clave de dict |
| `tuple` | Inmutable — hashable si todos sus elementos lo son |
| `frozenset` | Inmutable — versión congelada del set |
| `bytes` | Inmutable — secuencia de bytes, hashable |
| `list` | Mutable — hash() lanza TypeError |
| `dict` | Mutable — hash() lanza TypeError |
| `set` | Mutable — hash() lanza TypeError |
| `bytearray` | Mutable — versión modificable de bytes |

## Mutación en acción: listas, diccionarios y copias

Python

```
# Inmutabilidad de enteros: cada operación crea nuevo objeto
x = 256
y = 256
print(f'x is y (256): {x is y}')  # True — del cache

a = 1000
b = 1000
print(f'a is b (1000): {a is b}') # False — fuera del cache

# Verificar con id()
x = 'hola'
id_antes = id(x)
x = x.upper()  # crea nuevo objeto
print(f'Mismo objeto: {id_antes == id(x)}')  # False

# Mutabilidad de listas: modificación in-place
lista = [1, 2, 3]
id_antes = id(lista)
lista.append(4)
print(f'Mismo objeto: {id_antes == id(lista)}')  # True

# Hashabilidad
print(hash('hola'))     # funciona: string es hashable
print(hash((1, 2, 3))) # funciona: tupla de inmutables
try:
```

```
    hash([1, 2, 3])     # TypeError: listas no son hashables
except TypeError as e:
    print(f'Error: {e}')

# Usar tuplas como claves de diccionario
coordenadas = {(0,0): 'origen', (1,0): 'derecha', (0,1):
'arriba'}
print(coordenadas[(0,0)])  # origen
```

▶ **Salida esperada**

```
x is y (256): True
a is b (1000): False
Mismo objeto: False
Mismo objeto: True
(número hash)
(número hash)
Error: unhashable type: 'list'
origen
```

## El comportamiento de mutación explicado

El comportamiento de is con 256 y 1000 demuestra el integer cache de CPython: los enteros entre -5 y 256 son objetos singleton (siempre el mismo objeto para ese valor). Para valores fuera de ese rango, Python generalmente crea nuevos objetos, aunque puede hacer optimizaciones en ciertos contextos.

El experimento con strings demuestra que x.upper() crea un objeto completamente nuevo: el id cambia, lo que confirma que son objetos distintos en memoria. El string original 'hola' no fue modificado; 'HOLA' es un nuevo objeto.

La lista mantiene el mismo id antes y después de append(). El objeto lista existe en la misma dirección de memoria, pero su contenido interno (el array de punteros) fue modificado para incluir un nuevo elemento.

Las tuplas de inmutables son hashables, lo que las hace perfectas como claves de diccionario para representar coordenadas, fechas, pares clave-valor compuestos, etc. Esto es un patrón muy común en código de producción.

### Inmutabilidad, hilos y seguridad concurrente

Una de las razones más importantes de la inmutabilidad es la seguridad en programas concurrentes. Los objetos inmutables pueden compartirse entre hilos sin sincronización porque no pueden modificarse.

Python

```
import threading


# SEGURO: compartir objetos inmutables entre hilos

CONFIGURACION = ('localhost', 8080, 'production')  # tupla


def hilo_trabajo(config):

    host, puerto, env = config  # lectura segura sin lock

    print(f'Hilo conectando a {host}:{puerto} ({env})')


hilos = [threading.Thread(target=hilo_trabajo, args=(CONFIGURACION,))

         for _ in range(3)]
```

```
[h.start() for h in hilos]
[h.join() for h in hilos]

# INSEGURO sin lock: compartir objeto mutable entre hilos
import time
contador_shared = [0]  # lista mutable — race condition posible
lock = threading.Lock()

def incrementar():
    with lock:          # necesitamos lock para seguridad
        val = contador_shared[0]
        time.sleep(0.001)
        contador_shared[0] = val + 1
```

▶ **Salida esperada**

```
Hilo conectando a localhost:8080 (production)
Hilo conectando a localhost:8080 (production)
Hilo conectando a localhost:8080 (production)
```

## El clásico error del argumento mutable por defecto

> ! **Error frecuente**
>
> Usar una lista mutable como valor por defecto de un parámetro: def f(items=[]). El mismo objeto lista se reutiliza en TODAS las llamadas a la función. Usa None como default y crea la lista dentro.

> ⚠ **Error frecuente**
>
> Intentar usar una lista como clave de diccionario o elemento de set. Lanza TypeError. Convierte la lista a tupla: tuple(mi_lista).

> ⚠ **Error frecuente**
>
> Confundir la inmutabilidad de la tupla con la inmutabilidad total: t = ([1,2], [3,4]); t[0].append(99) funciona porque la lista dentro de la tupla es mutable.

> ⚠ **Error frecuente**
>
> Reasignar una variable inmutable y creer que el objeto original cambió. x = 5; y = x; x = 10 no cambia y porque los enteros son inmutables y la reasignación crea un nuevo objeto.

## Inmutabilidad para código seguro y concurrente

> 🏭 **En producción**
>
> En configuración de aplicaciones, constantes y parámetros que no deben cambiar durante la ejecución, usa tipos inmutables: tuplas para secuencias, frozensets para conjuntos, strings para valores simples. En código multihilo, preferir estructuras inmutables elimina la necesidad de locks y hace el código más simple y correcto. Para datos de configuración complejos, considera @dataclass(frozen=True) que crea objetos inmutables con nombres descriptivos.

> **Consejo profesional**
>
> La función sys.getsizeof() muestra que las tuplas son más eficientes en memoria que las listas: una lista vacía ocupa 56 bytes, una tupla vacía 40 bytes. Para colecciones grandes de datos que no se van a modificar, las tuplas son la elección correcta por razones de eficiencia y seguridad.

## Resumen: mutabilidad e inmutabilidad

- Los inmutables (int, str, tuple, frozenset) no pueden cambiar; toda operación crea un nuevo objeto.
- Los mutables (list, dict, set) cambian in-place; el id() del objeto no cambia.
- Solo los objetos hashables (inmutables) pueden ser claves de dict o elementos de set.
- Las tuplas de inmutables son hashables; una tupla con lista adentro no lo es.
- El bug del argumento mutable por defecto es uno de los más comunes en Python.
- Los objetos inmutables son seguros para compartir entre hilos sin sincronización.
- El integer cache (-5 a 256) garantiza que esos valores siempre son el mismo objeto.
- Para estructuras de datos de solo lectura eficientes, usa tuplas o @dataclass(frozen=True).

## Ejercicios: mutabilidad

13. Demuestra el integer cache: compara is para valores dentro y fuera del rango -5 a 256.
14. Verifica que str.upper() crea un nuevo objeto usando id() antes y después.

15. Crea el bug del argumento mutable por defecto intencionalmente y luego corrígelo.
16. Intenta usar una lista, luego una tupla, como clave de diccionario. Explica la diferencia.
17. Crea una tupla con una lista adentro y demuestra que la tupla es inmutable pero la lista no.
18. Compara sys.getsizeof() de una lista vs tupla con 100 elementos. ¿Cuánto más eficiente es la tupla?

# Condicionales

> *Los condicionales permiten que el programa tome decisiones basadas en condiciones booleanas, controlando qué código se ejecuta en cada situación.*

## Condicionales: cómo decide un programa

Los condicionales son el mecanismo fundamental de toma de decisiones en programación. Sin ellos, un programa ejecuta exactamente las mismas instrucciones en el mismo orden cada vez que corre, sin importar las circunstancias. Con los condicionales, el programa puede evaluar el estado del mundo (valores de variables, entradas del usuario, resultados de operaciones) y elegir diferentes caminos de ejecución.

En Python los condicionales se construyen con tres palabras clave: if, elif (contracción de "else if") y else. La sintaxis es más limpia que en la mayoría de los lenguajes: no hay paréntesis obligatorios alrededor de la condición (aunque son válidos) y no hay llaves para delimitar el bloque; en cambio, el bloque se delimita por indentación.

Un aspecto fundamental de los condicionales en Python es el concepto de "truthiness" o valor de verdad. Python no exige que las condiciones sean de tipo bool estricto: cualquier objeto puede evaluarse en un contexto booleano. Python define reglas claras: los valores que evalúan como False (falsy) son exactamente: False, None, el entero 0, el float 0.0, el complejo 0j, la cadena vacía '', la lista vacía [], la tupla vacía (), el diccionario vacío {}, el conjunto vacío set(), y cualquier objeto cuyo método __bool__ devuelva False o cuyo __len__ devuelva 0. Todo lo demás evalúa como True (truthy).

Esta característica del lenguaje permite escribir condiciones muy expresivas. En lugar de if len(lista) > 0: puedes escribir if lista:. En lugar de if nombre != '': puedes escribir if nombre:. En lugar de if objeto is not None and objeto.activo == True: puedes escribir if objeto and objeto.activo:. El código resultante es más pythónico y más cercano al lenguaje natural.

## Truthiness: cómo evalúa Python lo verdadero y lo falso

Cuando Python evalúa un condicional, realiza el siguiente proceso en cada rama:

Para la condición del if: Python llama internamente a bool(expresion). Si el objeto es de tipo bool, usa su valor directamente. Si no, primero busca el método especial __bool__; si existe, lo llama y usa su resultado. Si no existe __bool__, busca __len__; si existe, devuelve True si __len__() != 0 y False si __len__() == 0. Si ninguno existe, el objeto siempre es truthy.

La evaluación de cortocircuito (short-circuit evaluation) es una optimización fundamental. En una expresión con and, Python evalúa el operando izquierdo primero. Si es falsy, devuelve ese valor inmediatamente sin evaluar el derecho. Si es truthy, evalúa y devuelve el operando derecho. En una expresión con or, si el izquierdo es truthy, lo devuelve sin evaluar el derecho. Nota importante: and y or no devuelven necesariamente True o False; devuelven uno de sus operandos.

Esta propiedad permite un patrón muy común: valor = entrada or "default" — si entrada es falsy (None, '', 0, []), asigna "default". Y el patrón de guardia: resultado = objeto and objeto.metodo() — si objeto es None o falsy, resultado es objeto (sin llamar al método y sin NullPointerException).

El operador not siempre devuelve True o False (bool estricto), a diferencia de and y or.

> 🧠 **Analogía**
>
> Imagina que eres un semáforo inteligente en una intersección compleja. Tienes múltiples sensores: el tiempo que los coches llevan esperando, si hay peatones en el cruce, si un vehículo de emergencia se acerca, la hora del día. El controlador del semáforo (el if-elif-else) evalúa todas estas condiciones en orden de prioridad: primero comprueba si hay un vehículo de emergencia (if); si no, comprueba si hay peatones esperando (elif); si no, aplica el ciclo normal basado en el tiempo (else). Solo una de estas ramas se ejecuta en cada ciclo, aunque varias condiciones podrían ser verdaderas simultáneamente.

## if, elif, else, ternarios y match-case

Python tiene múltiples formas de expresar condiciones, desde las básicas hasta las más avanzadas. Conocerlas todas permite elegir la más expresiva para cada situación.

| Forma | Descripción y cuándo usar |
|---|---|
| `if cond:` | Bloque simple, sin alternativa |
| `if cond: ... else:` | Bifurcación binaria: una de dos opciones |
| `if ... elif ... else:` | Múltiples ramas mutuamente |

| | |
|---|---|
| | excluyentes |
| `x if cond else y` | Expresión ternaria: valor en una línea |
| `cond and valor` | Cortocircuito: valor si cond es truthy |
| `cond or default` | Valor por defecto si cond es falsy |
| `not cond` | Inversión: True si cond es falsy |
| `all(iterable)` | True si TODOS los elementos son truthy |
| `any(iterable)` | True si ALGÚN elemento es truthy |
| `match valor: case p:` | Pattern matching (Python 3.10+) |

## Construyendo lógica de decisión legible

Python

```python
# Truthiness — qué valores son falsy
falsy = [0, 0.0, '', [], {}, set(), None, False, ()]
print('Valores falsy:')
for v in falsy:
    print(f'  {("bool(" + repr(v) + ")"):13} = {bool(v)}')


# Cortocircuito en acción
def costosa():
```

```
    print('  [función costosa ejecutada]')
    return True

print('\nCortocircuito con and:')
False and costosa()   # costosa() NO se ejecuta
True and costosa()    # costosa() SÍ se ejecuta

# Patrones pythónicos con cortocircuito
nombre = ''
nombre_display = nombre or 'Anónimo'
print(f'\nNombre: {nombre_display}')  # Anónimo

config = None
puerto = config and config.get('puerto')  # None — sin error
print(f'Puerto: {puerto}')                # None

# all() y any()
notas = [8.5, 9.0, 7.8, 10.0, 6.5]
print(f'\nTodas >= 6:  {all(n >= 6 for n in notas)}')
print(f'Alguna >= 9: {any(n >= 9 for n in notas)}')
```

▶ **Salida esperada**

```
Valores falsy:
  bool(0)       = False
  bool(0.0)     = False
  bool('')      = False
  bool([])      = False
  bool({})      = False
```

```
  bool(set())   = False
  bool(None)    = False
  bool(False)   = False
  bool(())      = False
Cortocircuito con and:
  [función costosa ejecutada]
Nombre: Anónimo
Puerto: None
Todas >= 6:  True
Alguna >= 9: True
```

## Evaluación de condiciones y cortocircuito

El bucle sobre la lista de valores falsy demuestra exhaustivamente qué considera Python como "falso". Todos los demás valores son truthy. Esto significa que cualquier objeto no vacío, cualquier número no cero, y cualquier referencia a un objeto (que no sea None) es truthy.

El experimento con cortocircuito demuestra visualmente que False and costosa() no ejecuta la función (no aparece el mensaje), mientras que True and costosa() sí la ejecuta. Este comportamiento no es solo una optimización: es fundamental para patrones como objeto and objeto.metodo() donde si objeto es None, el método nunca se llama.

El patrón nombre or 'Anónimo' aprovecha que and y or devuelven uno de sus operandos, no necesariamente True o False. Si nombre es una cadena vacía (falsy), or devuelve el segundo operando 'Anónimo'. Si nombre es 'Juan' (truthy), or devuelve el primer operando 'Juan'.

all() y any() con generator expressions son extremadamente eficientes: usan el cortocircuito internamente. all() para de evaluar en el primer False; any() para en el primero True. Para listas de millones de elementos, esto puede ser 1000x más rápido que evaluar todos los elementos.

### Condicionales avanzados: guardias y pattern matching

Las guard clauses (retornos tempranos) y el pattern matching de Python 3.10 son patrones de código profesional que mejoran la legibilidad y reducen la indentación.

```python
# Guard clauses — retorno temprano para reducir indentación
def procesar_pedido(pedido: dict) -> dict:
    """Procesa un pedido con validaciones previas."""
    # Validaciones al inicio — 'fail fast'
    if not pedido:
        raise ValueError('Pedido vacío')
    if 'cliente' not in pedido:
        raise ValueError('Pedido sin cliente')
    if pedido.get('total', 0) <= 0:
        raise ValueError('Total inválido')

    # Lógica principal sin anidación excesiva
    cliente = pedido['cliente']
    total = pedido['total']
    descuento = 0.10 if total > 1000 else 0
    return {'cliente': cliente, 'total': total * (1 -
```

```
descuento)}



# Pattern matching (Python 3.10+)

def analizar_respuesta_api(respuesta: dict) -> str:

    match respuesta:

        case {'status': 200, 'data': datos}:

            return f'Éxito: {len(datos)} registros'

        case {'status': 404}:

            return 'Recurso no encontrado'

        case {'status': s} if 500 <= s < 600:

            return f'Error del servidor: {s}'

        case _:

            return 'Respuesta desconocida'


print(analizar_respuesta_api({'status':      200,      'data':
[1,2,3]}))

print(analizar_respuesta_api({'status': 503}))
```

**▶ Salida esperada**

```
Éxito: 3 registros

Error del servidor: 503
```

## Comparaciones encadenadas y precedencia mal entendida

**⚠ Error frecuente**

Usar = en lugar de == en la condición de un if. if x = 5 es SyntaxError en Python (en C sería un bug silencioso asignando 5 a x). Python lo previene con su sintaxis.

> ⚠ **Error frecuente**
>
> Olvidar que 0, '', [], {} son falsy. Un if resultado: falla para resultado = 0 aunque la operación haya sido exitosa. Usa if resultado is not None: si quieres verificar solo que no sea None.

> ⚠ **Error frecuente**
>
> Usar == None en lugar de is None. if valor == None puede comportarse de forma inesperada si el objeto sobreescribe __eq__. Siempre usa is None o is not None para comparar con None.

> ⚠ **Error frecuente**
>
> Anidar demasiados if-elif cuando el pattern matching o un diccionario de despacho serían más limpios. Si tienes más de 5 ramas, considera refactorizar.

## Condicionales robustos en código de producción

> **En producción**
>
> En código de producción, las guard clauses (validar al inicio con retornos tempranos) son preferidas sobre la anidación profunda. En lugar de if condicion: if otra_condicion: # lógica principal, haz if not condicion: raise/return al inicio y mantén la lógica principal sin

anidar. El código resultante es más legible, más testeable y tiene menos complejidad ciclomática.

**Consejo profesional**

El módulo operator ofrece versiones funcionales de los operadores: operator.lt, operator.eq, operator.not_ etc. Son útiles cuando necesitas pasar una comparación como argumento a una función de orden superior. También puedes usar functools.reduce con operadores para aplicarlos a secuencias.

## Resumen: control de flujo condicional

- if, elif, else evalúan condiciones en orden y ejecutan el primer bloque verdadero.
- Python define truthiness: 0, None, '', [], {}, set() son falsy; todo lo demás es truthy.
- and y or devuelven uno de sus operandos (no siempre bool); not siempre devuelve bool.
- La evaluación de cortocircuito omite el segundo operando si el primero determina el resultado.
- El patrón valor or 'default' asigna un valor por defecto cuando el primero es falsy.
- all() para en el primer False; any() para en el primer True — ambos usan cortocircuito.
- Las guard clauses (retornos tempranos) reducen anidación y mejoran legibilidad.
- Python 3.10+ tiene match-case para pattern matching estructural poderoso.

## Ejercicios: condicionales

19. Verifica experimentalmente todos los valores falsy de Python. ¿Hay alguno que no esperabas?

20. Demuestra el cortocircuito: crea una función con print() y verifica cuándo se ejecuta en and/or.
21. Reescribe una función con 4 niveles de if anidados usando guard clauses.
22. Implementa un validador de formulario de registro con al menos 6 condiciones usando guard clauses.
23. Usa all() y any() para verificar si una lista de contraseñas cumple todos los requisitos de seguridad.
24. Implementa un despachador de comandos con match-case para al menos 5 comandos diferentes.

# Bucles

> *Los bucles automatizan la repetición. Python tiene for (iterar sobre secuencias) y while (repetir mientras una condición sea verdadera), más un protocolo de iteración extensible.*

## Bucles: automatizar la repetición

Los bucles son el mecanismo que transforma un programa de una calculadora de un solo uso en una herramienta capaz de procesar millones de elementos. Sin bucles, si quisieras procesar 1000 registros de una base de datos, necesitarías escribir 1000 veces el mismo código. Con un bucle, una sola instrucción procesa todos los registros.

Python tiene dos tipos de bucles con filosofías distintas. El bucle for expresa iteración sobre una colección: "para cada elemento en esta colección, haz esto". No hay concepto de índice, contador o condición de parada explícita: el bucle sabe cuándo terminar porque la colección se agota. El bucle while expresa repetición condicional: "mientras esta condición sea verdadera, haz esto". Requiere que el programador gestione explícitamente cuándo termina.

Una característica casi única de Python entre los lenguajes populares es que tanto for como while admiten una cláusula else. Este else no es como el else de un if: se ejecuta cuando el bucle termina de forma normal, es decir, cuando termina porque se agotaron los elementos (for) o porque la condición se volvió falsa (while), y NO cuando el bucle fue interrumpido por un break. Esto permite un patrón elegante para búsquedas: "busca X en la colección; si lo encontraste (break), haz A; si agotaste la colección sin encontrarlo (else), haz B".

Python también tiene una familia de funciones y herramientas que hacen la iteración más expresiva y eficiente: enumerate (índice + valor), zip (iterar en paralelo), map y filter (aplicar funciones), reversed (iterar al revés), sorted (iterar ordenado), y el módulo itertools para operaciones de iteración avanzadas.

## El protocolo de iteración: __iter__ y __next__

El bucle for de Python funciona mediante el protocolo de iteración, que consiste en dos interfaces:

El protocolo __iter__: cuando Python ve for x in objeto, llama a iter(objeto), que a su vez llama al método especial objeto.__iter__(). Este método debe devolver un iterador (un objeto que implementa __next__).

El protocolo __next__: Python llama repetidamente a next(iterador), que llama a iterador.__next__(). Cada llamada devuelve el siguiente elemento. Cuando no hay más elementos, __next__ debe lanzar StopIteration, que Python captura internamente para terminar el bucle.

Este diseño basado en protocolos (no en herencia de clases concretas) hace que for funcione con cualquier objeto que implemente estas dos interfaces. Puedes crear tus propios tipos iterables simplemente implementando __iter__ y __next__. Los archivos, las conexiones de base de datos, los sockets de red, los generadores, los objetos de modelos ORM — todos son iterables en Python por este motivo.

Los generadores son una forma especial y muy eficiente de crear iteradores. Una función generadora contiene la palabra clave yield. Cuando se llama, no ejecuta el cuerpo: devuelve un objeto generador. Cuando se llama a next() sobre ese objeto, ejecuta el cuerpo hasta el próximo yield, devuelve ese valor, y "congela" su estado (variables locales, posición en el código). La próxima llamada a next() continúa desde donde se quedó. Los generadores son "lazy": calculan y devuelven valores uno a uno bajo demanda, sin cargar toda la colección en memoria.

El módulo itertools, parte de la biblioteca estándar, implementa iteradores de combinación muy eficientes en C. chain encadena múltiples iterables, product hace el producto cartesiano, combinations genera combinaciones sin repetición, permutations genera permutaciones, groupby agrupa elementos consecutivos, islice toma un slice de un iterador sin cargarlo todo. Siempre que necesites una operación de iteración compleja, verifica primero si itertools ya la implementa.

> **Analogía**
>
> El bucle for es como un camarero experimentado sirviendo mesas. No tiene que contar cuántos clientes hay ni verificar si llegó al final: simplemente va de mesa en mesa hasta que no queda ninguna. Cada "mesa" (elemento del iterable) recibe el mismo tratamiento. El camarero (el bucle) no sabe ni le importa cuántas mesas hay antes de empezar — se adapta a lo que haya. El bucle while es como un semáforo: repite su ciclo (verde → amarillo → rojo) mientras haya coches circulando. Alguien tiene que decidir cuándo apagarlo (la condición de parada). Si nadie lo apaga, corre para siempre. El protocolo de iteración es como un enchufes y cables universal: si tu dispositivo (objeto) tiene el enchufe correcto (__iter__ y __next__), puede conectarse a la red eléctrica (el bucle for) independientemente de su marca o tipo.

## for, while, break, continue y la cláusula else

Python tiene un rico ecosistema de herramientas para iteración. Conocerlas reduce el código y lo hace más legible.

| Herramienta | Descripción y cuándo usar |
|---|---|
| `for x in iterable` | Iterar sobre elementos en orden |
| `for i, x in enumerate(it)` | Índice + valor — reemplaza range(len()) |
| `for a, b in zip(it1, it2)` | Iterar dos iterables en paralelo |
| `for k, v in dict.items()` | Iterar pares clave-valor de diccionario |
| `for x in reversed(lista)` | Iterar en orden inverso |
| `for x in sorted(lista, key=f)` | Iterar en orden personalizado |
| `while condicion:` | Repetir hasta que condicion sea False |
| `break` | Salir del bucle inmediatamente |
| `continue` | Saltar al inicio de la siguiente iteración |
| `for/while ... else:` | Ejecutar solo si el bucle NO fue interrumpido |

## Iteración avanzada con enumerate, zip e itertools

Python

```
from itertools import islice, chain, groupby


# enumerate con start personalizado
tareas = ['Diseño', 'Desarrollo', 'Testing', 'Deploy']
for n, tarea in enumerate(tareas, start=1):
    print(f'  {n}. {tarea}')


# zip — iterar en paralelo + desempaquetar
nombres = ['Ana', 'Bruno', 'Carla']
notas   = [9.5, 8.2, 9.8]
pesos   = [0.3, 0.3, 0.4]
ponderadas = [round(n * p, 2) for n, p in zip(notas, pesos)]
print(f'\nNotas ponderadas: {ponderadas}')


# for...else para búsqueda
primos = [2, 3, 5, 7, 11, 13]
buscar = 9
for p in primos:
    if p == buscar:
        print(f'\n{buscar} es primo')
        break
else:
    print(f'\n{buscar} NO está en la lista de primos')


# Generator — procesar sin cargar en memoria
```

```
def cuadrados_hasta(n):
    for i in range(1, n + 1):
        yield i ** 2

gen = cuadrados_hasta(1_000_000)
print(f'\nPrimeros 5 cuadrados: {list(islice(gen, 5))}')
print(f'El generador no cargó 1M elementos en memoria')
```

▶ **Salida esperada**

```
  1. Diseño
  2. Desarrollo
  3. Testing
  4. Deploy
Notas ponderadas: [2.85, 2.46, 3.92]
9 NO está en la lista de primos
Primeros 5 cuadrados: [1, 4, 9, 16, 25]
El generador no cargó 1M elementos en memoria
```

## Recorriendo colecciones línea a línea

enumerate(tareas, start=1) es más legible que for i in range(len(tareas)) y más pythónico. El parámetro start permite comenzar el contador desde cualquier número.

zip(notas, pesos) crea un iterador de pares. La list comprehension con zip calcula las notas ponderadas de forma concisa. Si las listas tienen diferente longitud, zip se detiene en la más corta. Para no perder datos, usa itertools.zip_longest().

El patrón for...else para búsqueda es idiomático en Python. Si se encuentra el elemento (break), el else no se ejecuta. Si el bucle termina sin encontrar (sin break), el else sí se ejecuta. Equivale a un "no encontrado" sin necesidad de una variable bandera.

El generador cuadrados_hasta usa yield en lugar de return. Cada llamada a next() sobre el generador ejecuta el cuerpo hasta el próximo yield, devuelve ese valor, y pausa. El estado (la variable i, la posición en el bucle) se preserva entre llamadas. islice toma los primeros 5 sin evaluar el millón completo.

### Itertools — iteración avanzada de forma eficiente

El módulo itertools implementa en C los iteradores de combinación más comunes. Son más rápidos que las soluciones Python equivalentes y no requieren cargar datos en memoria.

Python

```python
from itertools import (chain, product, combinations,
                        groupby, accumulate, takewhile)
import operator

# chain: combinar múltiples iterables
nums = list(chain([1,2], [3,4], [5,6]))
print(f'chain: {nums}')  # [1, 2, 3, 4, 5, 6]

# accumulate: sumas acumuladas (o cualquier operación)
ventas = [100, 200, 150, 300, 250]
acum = list(accumulate(ventas))
print(f'acumulado: {acum}')  # [100, 300, 450, 750, 1000]
```

```
# groupby: agrupar elementos consecutivos iguales
datos = [('A', 1), ('A', 2), ('B', 3), ('B', 4), ('C', 5)]
for clave, grupo in groupby(datos, key=lambda x: x[0]):
    items = list(grupo)
    print(f'  {clave}: {[v for _, v in items]}')

# takewhile: tomar mientras se cumple condición
numeros = [2, 4, 6, 7, 8, 10]
pares = list(takewhile(lambda x: x % 2 == 0, numeros))
print(f'pares hasta el primero impar: {pares}')  # [2, 4, 6]
```

▶ **Salida esperada**

```
chain: [1, 2, 3, 4, 5, 6]
acumulado: [100, 300, 450, 750, 1000]
  A: [1, 2]
  B: [3, 4]
  C: [5]
pares hasta el primero impar: [2, 4, 6]
```

## Modificar una lista mientras se itera y otros descuidos

> ! **Error frecuente**
>
> Modificar una lista (agregar, eliminar, reordenar elementos) mientras se itera sobre ella con for. Los índices internos cambian y se saltan o repiten elementos silenciosamente. Itera sobre una copia: for x in

lista.copy(): o construye una nueva lista.

⚠ **Error frecuente**

Bucle while sin condición de parada garantizada. Si la condición nunca se vuelve False, el programa corre indefinidamente. Siempre asegura que la condición pueda cambiar dentro del bucle, o usa un contador de seguridad.

⚠ **Error frecuente**

Usar for i in range(len(lista)) cuando for i, x in enumerate(lista) es más pythónico y eficiente.

⚠ **Error frecuente**

No usar generators/lazy evaluation para datos grandes. [x**2 for x in range(10_000_000)] carga 10 millones de elementos en memoria. (x**2 for x in range(10_000_000)) es un generador que usa memoria constante.

## Generadores y pipelines que no cargan todo en memoria

**En producción**

En aplicaciones de procesamiento de datos, usa generators y itertools para pipelines de datos que no cargan todo en memoria. Un patrón común es una cadena de generadores: leer_lineas() | filtrar() | transformar() | agregar(), donde cada etapa produce valores bajo demanda. Django ORM, SQLAlchemy y pandas usan este principio internamente para que las queries no carguen millones de filas en RAM.

**Consejo profesional**

El módulo more-itertools (pip install more-itertools) extiende itertools con más de 60 herramientas adicionales: chunked (dividir en lotes), flatten (aplanar), windowed (ventana deslizante), pairwise (pares consecutivos), side_effect (ejecutar efecto sin transformar). Es una dependencia casi estándar en proyectos de procesamiento de datos.

## Resumen: bucles e iteración

- El bucle for usa el protocolo de iteración (__iter__ / __next__) y funciona con cualquier iterable.
- El bucle while repite mientras una condición sea verdadera; requiere condición de parada explícita.
- El bloque else en ambos bucles se ejecuta solo si el bucle NO fue interrumpido por break.
- enumerate() da índice + valor; zip() itera iterables en paralelo; ambos son más pythónicos que range(len()).
- Los generators (con yield) producen valores bajo demanda sin cargar todo en memoria.
- itertools implementa en C operaciones de iteración avanzadas: chain, groupby, accumulate, takewhile.
- Nunca modifiques una colección mientras iteras sobre ella; trabaja sobre una copia.
- Para datos grandes, prefiere generators o expresiones generadoras a listas completas.

## Ejercicios: bucles e iterables

25. Implementa tu propio iterable creando una clase con __iter__ y __next__ que genere la secuencia de Fibonacci.
26. Usa zip() y enumerate() juntos para imprimir una tabla de dos columnas con índices.
27. Implementa el algoritmo de búsqueda binaria usando el patrón while...else.
28. Crea un generador que lea un archivo CSV línea por línea y la parsee, sin cargar el archivo entero.
29. Usa itertools.groupby para agrupar una lista de transacciones por categoría y calcular el total de cada una.
30. Compara memoria usada (tracemalloc) al procesar 1M números con list comprehension vs generator.

# Listas

> *Las listas son colecciones ordenadas, mutables y dinámicas que pueden contener elementos de cualquier tipo. Son la estructura de datos más fundamental y versátil de Python.*

## Listas: la estructura de datos más versátil

Las listas son la estructura de datos más usada en Python y, para muchos propósitos, la más conveniente. Su diseño refleja la filosofía de Python: flexibles, expresivas y con una API rica que cubre los casos de uso más comunes sin necesidad de librerías externas.

Una lista puede contener cualquier tipo de objeto Python en cualquier combinación: enteros, strings, otras listas, funciones, instancias de clases, diccionarios. No hay restricción de tipo homogéneo. Una lista puede crecer sin límite (mientras haya memoria disponible), puede encogerse eliminando elementos, puede reordenarse, y puede copiarse.

La API de las listas en Python está dividida en operaciones de acceso (indexación, slicing), operaciones de modificación (append, insert, remove, pop, sort), y operaciones de consulta (len, count, index, in). Todas estas operaciones tienen complejidades de tiempo bien definidas que debes conocer para escribir código eficiente.

Las listas son la base de muchas otras estructuras de datos en Python. Las stacks (pilas) se implementan con una lista más append() y pop(). Las queues (colas) se implementan con collections.deque. Los heaps de prioridad usan el módulo heapq sobre listas. Las matrices se representan como listas de listas. Las comprensiones de lista permiten transformar y filtrar datos de forma declarativa.

Cuando una lista no es la estructura correcta: si necesitas acceso rápido por clave, usa dict. Si necesitas garantizar unicidad, usa set. Si el tamaño es fijo y conocido, considera tuple (más eficiente). Si necesitas operaciones matemáticas vectorizadas, usa numpy arrays. Si tienes operaciones frecuentes al inicio de la colección, usa collections.deque.

## Arrays dinámicos: cómo crecen las listas por dentro

La implementación interna de las listas en CPython (en el archivo Objects/listobject.c) es un array dinámico de punteros de C. Cada elemento de la lista Python es un puntero de 8 bytes (en sistemas de 64 bits) a un objeto PyObject en el heap. Esto tiene varias consecuencias:

Las listas pueden contener objetos de cualquier tipo porque todos los tipos de Python son PyObject y todos los punteros tienen el mismo tamaño (8 bytes). El acceso por índice lista[i] es O(1) porque es simplemente un desplazamiento en el array de punteros: puntero_base + i * 8.

El tamaño interno del array de punteros no es igual al número de elementos. Python implementa "over-allocation": cuando el array se llena y hay que crecer, Python no reserva solo un slot más. Usa la fórmula: nueva_capacidad = (capacidad_actual * 9 // 8) + 6. Esto reduce drásticamente el número de reasignaciones de memoria. El costo de append() es O(1) amortizado: la mayoría de los appends son O(1) (hay espacio), con reasignaciones O(n) ocasionales.

Para insert(0, x) (insertar al inicio), Python debe desplazar todos los punteros existentes una posición hacia la derecha para hacer espacio: esto es O(n). Para listas largas con muchas inserciones al inicio, usa collections.deque que implementa una lista doblemente enlazada con insertions O(1) en ambos extremos.

El operador in para listas hace una búsqueda lineal O(n): compara el elemento buscado con cada elemento en orden hasta encontrarlo o agotar la lista. Para búsquedas frecuentes en grandes colecciones, convierte a set: x in set(lista) es O(1).

El método sort() de las listas implementa el algoritmo Timsort, creado específicamente para Python por Tim Peters. Es un híbrido entre merge sort e insertion sort, con O(n log n) en el peor caso y O(n) para datos ya parcialmente ordenados. Es uno de los algoritmos de ordenación más eficientes para datos del mundo real.

> 🧠 **Analogía**
>
> Una lista es como un andén de tren con vagones numerados. Los vagones están en orden (la lista mantiene el orden de inserción). Puedes agregar vagones al final muy fácilmente (append es O(1)). Puedes acceder a cualquier vagón instantáneamente por su número (acceso por índice O(1)). Pero si quieres insertar un vagón en el medio, tienes que mover todos los vagones posteriores para hacerle espacio (insert en el medio es O(n)). Si necesitas buscar un pasajero específico, tienes que revisar vagón por vagón (búsqueda lineal O(n)). A diferencia de un tren real, este andén puede extenderse dinámicamente: cuando se llena, el sistema construye más espacios automáticamente. Y a diferencia de un array en C, los vagones pueden contener cualquier tipo de carga — no

> tienen que ser del mismo tipo.

## Slicing, comprensiones y métodos de lista

Python ofrece una sintaxis excepcionalmente rica para acceder, modificar y crear listas. El slicing en particular es una de las características más poderosas del lenguaje.

| Operación | Complejidad y descripción |
|---|---|
| `lista[i]` | O(1) — acceso por índice (positivo o negativo) |
| `lista[i:j]` | O(k) — sublista del índice i al j-1 |
| `lista[i:j:step]` | O(k) — sublista con paso, step puede ser negativo |
| `lista.append(x)` | O(1) amortizado — agregar al final |
| `lista.insert(i, x)` | O(n) — insertar en posición i (desplaza elementos) |
| `lista.pop()` | O(1) — eliminar y devolver el último elemento |
| `lista.pop(i)` | O(n) — eliminar y devolver elemento en posición i |
| `lista.remove(x)` | O(n) — eliminar primera ocurrencia de x |
| `x in lista` | O(n) — búsqueda lineal |

| | |
|---|---|
| `lista.sort(key=f)` | O(n log n) — ordenar in-place con Timsort |
| `sorted(lista, key=f)` | O(n log n) — devuelve nueva lista ordenada |
| `lista.reverse()` | O(n) — invertir in-place |
| `lista[::-1]` | O(n) — nueva lista invertida (no modifica original) |

## Manipulando listas con operaciones comunes

Python

```
# Slicing avanzado — una de las características más poderosas
datos = [0, 1, 2, 3, 4, 5, 6, 7, 8, 9]

print(datos[2:7])      # [2, 3, 4, 5, 6] — del índice 2 al 6
print(datos[::2])      # [0, 2, 4, 6, 8] — cada 2 pasos
print(datos[1::2])     # [1, 3, 5, 7, 9] — impares
print(datos[::-1])      # [9, 8, 7, 6, 5, 4, 3, 2, 1, 0] — invertido
print(datos[7:2:-1])   # [7, 6, 5, 4, 3] — del 7 al 3, hacia atrás

# Modificación con slicing
nums = [1, 2, 3, 4, 5]
nums[1:4] = [20, 30]   # reemplaza 3 elementos con 2
print(nums)            # [1, 20, 30, 5]

# Ordenación avanzada con key
personas = [
```

```
    {'nombre': 'Carlos', 'edad': 30},
    {'nombre': 'Ana',    'edad': 25},
    {'nombre': 'Bruno',  'edad': 35},
]
por_edad = sorted(personas, key=lambda p: p['edad'])
for p in por_edad:
    print(f"  {p['nombre']}: {p['edad']} años")

# Comprensión con condición y transformación
texto = 'Python es el mejor lenguaje de programación'
palabras_largas = [p.upper() for p in texto.split() if len(p) >
4]
print(palabras_largas)
```

**▶ Salida esperada**

```
[2, 3, 4, 5, 6]
[0, 2, 4, 6, 8]
[1, 3, 5, 7, 9]
[9, 8, 7, 6, 5, 4, 3, 2, 1, 0]
[7, 6, 5, 4, 3]
[1, 20, 30, 5]
  Ana: 25 años
  Carlos: 30 años
  Bruno: 35 años
['PYTHON', 'MEJOR', 'LENGUAJE', 'PROGRAMACIÓN']
```

## Complejidad de cada operación explicada

El slicing de Python es descrito por tres parámetros: lista[inicio:fin:paso]. Cuando paso es negativo, la dirección se invierte (recorre de derecha a izquierda), lo que hace a [::-1] la forma idiomática de invertir una lista.

La asignación a un slice nums[1:4] = [20, 30] es una característica poderosa: reemplaza el rango de elementos especificado con los nuevos valores, incluso si tienen diferente longitud. nums[1:4] era [2, 3, 4] (3 elementos), y fue reemplazado por [20, 30] (2 elementos), resultando en una lista más corta.

La función sorted() con key=lambda acepta cualquier función que devuelva un valor comparable. Python ordena los elementos por los valores que devuelve key, no por los elementos mismos. Para múltiples criterios de ordenación: sorted(personas, key=lambda p: (p['edad'], p['nombre'])) ordena primero por edad, luego por nombre como desempate.

Las comprensiones de lista con condición [expr for x in iter if cond] son equivalentes a filtrar y luego transformar, pero en un solo paso. Son hasta 2x más rápidas que el bucle for equivalente porque Python las optimiza internamente.

### Patrones avanzados: bisect, heapq y operaciones de conjunto

La biblioteca estándar de Python incluye módulos especializados que extienden las listas con operaciones eficientes para casos de uso específicos.

Python

```
import bisect
```

```
import heapq

# bisect: mantener lista ordenada con inserciones O(log n)
puntuaciones = [45, 60, 72, 85, 90]
nueva = 78
pos = bisect.bisect_left(puntuaciones, nueva)
bisect.insort(puntuaciones, nueva)   # inserta en posición correcta
print(f'Lista ordenada: {puntuaciones}')
print(f'Posición de {nueva}: {pos}')

# heapq: cola de prioridad sobre lista
cola = []
heapq.heappush(cola, (3, 'tarea baja prioridad'))
heapq.heappush(cola, (1, 'tarea urgente'))
heapq.heappush(cola, (2, 'tarea media'))

while cola:
    prioridad, tarea = heapq.heappop(cola)
    print(f'  [{prioridad}] {tarea}')

# Operaciones de conjunto sobre listas (con sets)
lista_a = [1, 2, 3, 4, 5, 2, 3]
lista_b = [3, 4, 5, 6, 7]
print(f'Unión:        {sorted(set(lista_a) | set(lista_b))}')
print(f'Intersección: {sorted(set(lista_a) & set(lista_b))}')
print(f'Diferencia:   {sorted(set(lista_a) - set(lista_b))}')
```

**▶ Salida esperada**

```
Lista ordenada: [45, 60, 72, 78, 85, 90]
Posición de 78: 3
  [1] tarea urgente
  [2] tarea media
  [3] tarea baja prioridad
Unión:         [1, 2, 3, 4, 5, 6, 7]
Intersección: [3, 4, 5]
Diferencia:   [1, 2]
```

## Copias superficiales y costes ocultos O(n)

> ⚠ **Error frecuente**
>
> IndexError al acceder con un índice fuera de rango. La lista tiene índices de 0 a len-1 (y -len a -1 para negativos). Verifica siempre con len() o usa try/except IndexError para acceso defensivo.

> ⚠ **Error frecuente**
>
> Confundir lista.sort() (modifica in-place, devuelve None) con sorted(lista) (devuelve nueva lista). lista = lista.sort() siempre resulta en lista = None — un bug común.

> ⚠ **Error frecuente**
>
> Usar lista.remove(x) cuando x no está en la lista. Lanza ValueError. Usa if x in lista: lista.remove(x) o try/except ValueError.

> ⚠ **Error frecuente**
>
> Iterar sobre lista con for x in lista mientras la modificas dentro del bucle. Los elementos se saltan o se procesan dos veces. Usa for x in lista.copy(): o construye una nueva lista con comprensión.

## Cuándo una lista no es la estructura adecuada

> **En producción**
>
> Para colecciones de elementos únicos sin orden, usa set en lugar de lista: la búsqueda es O(1) en set vs O(n) en lista. Para millones de números con operaciones matemáticas, usa numpy arrays: son 10-100x más rápidos y usan 8x menos memoria que listas Python. Para listas con inserciones frecuentes en ambos extremos, usa collections.deque. Para listas de longitud fija que no cambian, usa tuples.

> **Consejo profesional**
>
> El módulo array de la biblioteca estándar provee arrays de tipos homogéneos (como C arrays) que son más eficientes en memoria que las listas para datos numéricos: array.array('d', [1.0, 2.0, 3.0]) usa solo 8 bytes por double en lugar de los ~28 bytes de un objeto float Python. Para procesamiento numérico serio, usa numpy.

## Resumen: listas

- Las listas son arrays dinámicos de punteros — pueden crecer y contener cualquier tipo de objeto.
- El acceso por índice es O(1); la búsqueda con in es O(n); append es O(1) amortizado.
- insert(0,x) es O(n) — para inserciones frecuentes al inicio usa collections.deque.
- El slicing [i:j:step] crea una nueva lista; la asignación a slice modifica la original.
- sort() implementa Timsort O(n log n) in-place; sorted() devuelve nueva lista.
- Las comprensiones de lista son más eficientes y expresivas que los bucles equivalentes.
- bisect mantiene listas ordenadas con inserciones O(log n); heapq implementa colas de prioridad.
- Para búsquedas frecuentes, convierte a set; para datos numéricos masivos, usa numpy.

## Ejercicios: listas

31. Implementa una Stack (pila LIFO) y una Queue (cola FIFO) usando listas. Verifica sus operaciones.
32. Usa bisect para implementar una búsqueda binaria sobre una lista ordenada y mide su tiempo vs in.
33. Implementa la ordenación por múltiples criterios: primero por departamento, luego por salario descendente.
34. Escribe una función que elimine duplicados de una lista preservando el orden de primera aparición.
35. Usa heapq para implementar un sistema de prioridades que procese tareas en orden de urgencia.
36. Compara sys.getsizeof para list, tuple y array.array con 10000 enteros. ¿Cuánta memoria ahorra cada uno?

# Strings

> *Los strings son secuencias inmutables de caracteres Unicode. Python 3 los maneja de forma nativa con soporte completo para todos los idiomas del mundo.*

## Strings: texto Unicode en Python 3

Los strings son el tipo de dato más ubicuo en cualquier programa que interactúa con el mundo real. Toda comunicación entre sistemas — archivos de configuración, APIs, bases de datos, interfaces de usuario, logs — usa texto. Dominar los strings en Python es tan fundamental como dominar la aritmética.

En Python 2, los strings eran secuencias de bytes (ASCII), y el texto Unicode requería el tipo especial unicode con el prefijo u"texto". Esto causaba infinitos problemas con textos en idiomas no ingleses. Python 3 tomó la decisión correcta: todos los strings son Unicode por defecto. Un string de Python 3 es una secuencia de puntos de código Unicode, capaz de representar cualquier carácter de cualquier idioma del mundo, más emojis, símbolos matemáticos, caracteres históricos, y más de 140.000 caracteres en total.

Esta decisión tiene consecuencias importantes: len("hola") = 4 (cuatro caracteres), pero len("日本語") = 3 (tres caracteres japoneses), aunque este último ocupa más bytes en memoria. Python abstrae esta diferencia y trabaja siempre en términos de caracteres, no de bytes.

Los strings son inmutables: ningún método los modifica en su lugar. Esta inmutabilidad tiene ventajas profundas: los strings son hashables (pueden ser claves de diccionarios), son seguros para compartir entre diferentes partes del código sin riesgo de modificaciones inesperadas, y Python puede optimizar el uso de memoria mediante "string interning" (reutilizar el mismo objeto para strings idénticos frecuentes).

Los f-strings, introducidos en Python 3.6 (PEP 498), son la forma moderna de interpolación de variables en strings. Son más legibles, más rápidos y más poderosos que las alternativas anteriores (% formatting, str.format()). Los f-strings se evalúan en tiempo de ejecución: f'2 + 2 = {2+2}' produce '2 + 2 = 4'.

## Cómo se almacenan y codifican los caracteres

Internamente, Python representa cada string como una secuencia de puntos de código Unicode. Dependiendo del carácter de mayor valor en el string, Python elige la codificación interna más eficiente:

Latin-1 (1 byte por carácter): si todos los caracteres tienen punto de código <= 255 (caracteres básicos y latinos). Ejemplo: 'hello', 'café', 'naïve'.

UCS-2 (2 bytes por carácter): si hay caracteres con punto de código <= 65535 pero > 255. Incluye la mayoría de los alfabetos del mundo.

UCS-4 (4 bytes por carácter): si hay caracteres con punto de código > 65535, como emojis y caracteres históricos raros.

Esta optimización (PEP 393, "Flexible String Representation") significa que una cadena de texto en inglés usa solo 1 byte por carácter, no 4. Esto puede hacer una diferencia significativa en aplicaciones que manejan mucho texto.

El "string interning" es otra optimización: Python puede decidir que dos strings idénticos compartan el mismo objeto en memoria. Esto se garantiza para strings que parecen identificadores (letras, dígitos, guiones bajos) usados en el código fuente. Puedes forzar el interning con sys.intern(string). El resultado es que 'hola' is 'hola' puede ser True, lo que hace la comparación de identidad más rápida que la de igualdad para strings internados.

El módulo re (regular expressions) usa el motor de regex de Python, que implementa la sintaxis Perl-compatible (PCRE). Para regex que se usan repetidamente, compila primero con re.compile(): el patrón compilado es más rápido de aplicar que llamar a re.match/search directamente cada vez.

> **Analogía**
>
> Un string es como un libro publicado. El libro tiene páginas numeradas (los índices del string), y puedes leer cualquier página instantáneamente por su número (acceso O(1)). Puedes fotocopiar secciones del libro (slicing). Puedes buscar una palabra en el índice (métodos find/index). Pero no puedes borrar ni reescribir páginas del libro publicado (inmutabilidad): si quieres una versión modificada, necesitas reimprimir un libro nuevo. Los f-strings son como una plantilla de carta con espacios en blanco: "Estimado NOMBRE, su pedido NUMERO por MONTO fue procesado". Cuando la "imprimes" (evalúas el f-string), los marcadores son reemplazados por los valores reales en ese momento.

## f-strings, métodos de texto y formateo

Python tiene múltiples formas de definir strings y un mini-lenguaje de formateo poderoso para los f-strings.

| Forma / Método | Descripción y cuándo usar |
|---|---|
| `'texto' / "texto"` | String simple — elige el que no requiera escape |
| `"""multilínea"""` | Texto de múltiples líneas, docstrings |
| `f'Hola {expr}'` | Interpolación con expresión Python arbitraria |
| `r'C:\ruta\archivo'` | Raw string — backslashes literales, para regex y rutas |
| `b'bytes data'` | Bytes — para comunicación de red y archivos binarios |
| `f'{n:.2f}'` | Float con 2 decimales |
| `f'{n:,}'` | Número con separador de miles |
| `f'{n:.1%}'` | Porcentaje con 1 decimal |
| `f'{texto:>20}'` | Alineado a la derecha en 20 caracteres |
| `f'{texto:^20}'` | Centrado en 20 caracteres |
| `f'{texto!r}'` | Representación repr() del valor |

## Procesando y transformando texto

Python

```
# Métodos esenciales de strings
```

```
raw = '  Hola, MUNDO Python!  '

# Limpieza
limpio = raw.strip()
print(f'strip:    |{limpio}|')

# Búsqueda y reemplazo
print(f'upper:    {limpio.upper()}')
print(f'lower:    {limpio.lower()}')
print(f'title:    {limpio.title()}')
print(f'swapcase:{limpio.swapcase()}')

# División y unión
palabras = limpio.split(', ')
print(f'split:    {palabras}')
print(f'join:     {" | ".join(palabras)}')

# Verificaciones
print(f'startswith: {limpio.startswith("Hola")}')
print(f'endswith:   {limpio.endswith("n!")}')
print(f'isdigit:    {"12345".isdigit()}')
print(f'isalpha:    {"abcde".isalpha()}')

# f-strings: formato avanzado
π = 3.14159265358979
n = 1_000_000
print(f'π = {π:.4f}')
print(f'n = {n:,}')
```

```
print(f'ratio = {0.3478:.1%}')

print(f'pad = |{"hi":*^20}|')
```

▶ **Salida esperada**

```
strip:    |Hola, MUNDO Python!|

upper:    HOLA, MUNDO PYTHON!

lower:    hola, mundo python!

title:    Hola, Mundo Python!

swapcase:hOLA, mundo pYTHON!

split:    ['Hola', 'MUNDO Python!']

join:     Hola | MUNDO Python!

startswith: True

endswith:   True

isdigit:    True

isalpha:    True

π = 3.1416

n = 1,000,000

ratio = 34.8%

pad = |*********hi*********|
```

## Codificación y normalización explicadas

El método strip() sin argumentos elimina espacios y cualquier whitespace (\t, \n, \r) del inicio y fin. Con argumento, elimina los caracteres especificados: '***texto***'.strip('*') devuelve 'texto'.

split() sin argumentos divide por cualquier whitespace y elimina los elementos vacíos resultantes, lo que lo hace más robusto que split(' ') para texto con múltiples espacios o saltos de línea.

join() es la operación inversa de split() y la forma eficiente de construir strings desde partes. Siempre que necesites construir un string concatenando muchos trozos, acumúlalos en una lista y usa join() al final: ''.join(partes). Esto es $O(n)$ total vs $O(n^2)$ con +=.

El mini-lenguaje de formato de los f-strings es extremadamente poderoso. El formato general es {valor:relleno<alineación>ancho.precisiontipo}. El relleno es el carácter de relleno (por defecto espacio), < > ^ son alineación izquierda/derecha/centro, ancho es el ancho mínimo, precisión es decimales o longitud, y tipo es d (entero), f (float), e (científico), % (porcentaje), s (string), r (repr).

#### Procesamiento avanzado: codificaciones, regex y Template strings

En aplicaciones profesionales, el manejo correcto de codificaciones y el uso de expresiones regulares son habilidades esenciales.

Python

```python
import re


# Codificación y decodificación de bytes
texto = 'Ñoño café'
bytes_utf8 = texto.encode('utf-8')
bytes_latin1 = texto.encode('latin-1')
print(f'UTF-8:   {bytes_utf8}')
print(f'latin-1: {bytes_latin1}')
```

```
print(f'Decodificado: {bytes_utf8.decode("utf-8")}')

# Regex compilada — más eficiente para uso repetido
patron_email = re.compile(
    r'[a-zA-Z0-9._%+-]+@[a-zA-Z0-9.-]+\.[a-zA-Z]{2,}'
)

textos = ['juan@empresa.com', 'no-es-email', 'ana@mail.org']
emails = [t for t in textos if patron_email.match(t)]
print(f'Emails válidos: {emails}')

# Grupos nombrados en regex
patron_fecha = re.compile(
    r'(?P<año>\d{4})-(?P<mes>\d{2})-(?P<dia>\d{2})'
)
m = patron_fecha.search('Fecha: 2024-03-15')
if m:
    print(f'Año: {m.group("año")}, Mes: {m.group("mes")}')
```

**▶ Salida esperada**

```
UTF-8:    b'\xc3\x91o\xc3\xb1o caf\xc3\xa9'
latin-1: b'\xd1o\xf1o caf\xe9'
Decodificado: Ñoño café
Emails válidos: ['juan@empresa.com', 'ana@mail.org']
Año: 2024, Mes: 03
```

## Errores de encoding y concatenación ineficiente

> ⚠ **Error frecuente**
>
> Concatenar strings en bucle con +=: string += nueva_parte es $O(n^2)$ porque crea un nuevo objeto en cada iteración. Acumula en lista y usa ''.join(partes) al final: O(n).

> ⚠ **Error frecuente**
>
> UnicodeDecodeError al leer archivos sin especificar encoding. Siempre especifica: open(ruta, encoding='utf-8'). En Windows el default puede ser 'cp1252' o 'latin-1'.

> ⚠ **Error frecuente**
>
> Asumir que len(string) == número de bytes. Para texto con caracteres no-ASCII, un carácter puede ocupar 1-4 bytes en UTF-8, pero len() siempre cuenta caracteres (code points).

> ⚠ **Error frecuente**
>
> Usar str.format() o % formatting en lugar de f-strings. Son más lentos, menos legibles y más propensos a errores de índice o clave.

## Procesamiento de texto en aplicaciones reales

> **En producción**

> Sanitiza siempre los strings recibidos de usuarios antes de procesarlos: usa html.escape() para texto que va a HTML, usa consultas parametrizadas (no f-strings) para texto que va a SQL, y valida con regex antes de procesar. El módulo bleach es estándar para sanitización de HTML en aplicaciones web. Para generación de texto con plantillas complejas, usa Jinja2 en lugar de f-strings concatenados.

> **Consejo profesional**
>
> El módulo textwrap es invaluable para CLIs y generación de texto: textwrap.fill(texto, width=80) envuelve el texto en líneas de 80 caracteres; textwrap.dedent(texto) elimina la indentación común de un string multilínea (muy útil en docstrings). El método str.expandtabs(tabsize=4) convierte tabs a espacios.

## Resumen: strings

- Python 3 trata todos los strings como Unicode: soporte nativo para todos los idiomas.
- Los strings son inmutables: todos los métodos devuelven un nuevo string.
- Python usa Latin-1, UCS-2 o UCS-4 internamente según el carácter más grande del string.
- f-strings son la forma moderna de interpolación: más rápidas, más legibles y más potentes.
- join() es O(n) para unir listas de strings; concatenar con += en bucle es $O(n^2)$.
- Siempre especifica encoding='utf-8' al leer/escribir archivos de texto.
- re.compile() es más eficiente para patrones usados repetidamente.

- Usa consultas parametrizadas (nunca f-strings) al construir queries SQL.

## Ejercicios: manipulación de texto

37. Escribe una función que cuente sílabas en una palabra española (basado en vocales).
38. Implementa un formateador de números de tarjeta de crédito: '1234567890123456' → '1234 5678 9012 3456'.
39. Escribe un parser de CSV simple que maneje comillas y comas dentro de los campos.
40. Usa re.compile con grupos nombrados para extraer nombre, email y teléfono de texto libre.
41. Implementa str_to_bool() que convierta 'true','yes','1','on' → True y 'false','no','0','off' → False.
42. Compara el rendimiento de join() vs += para construir un string de 100.000 partes con timeit.

# Diccionarios

> *Los diccionarios son tablas hash que almacenan pares clave-valor con acceso O(1). Son la estructura de datos más poderosa y versátil de Python, usada internamente por el propio intérprete.*

## Diccionarios: acceso O(1) mediante tablas hash

Los diccionarios son la joya de la corona de las estructuras de datos de Python. No solo son una herramienta poderosa para los programadores, sino que son el mecanismo interno que Python usa para implementar prácticamente todo: los atributos de los objetos se almacenan en un dict (__dict__), los namespaces de los módulos son dicts, las variables locales y globales de las funciones son dicts, las clases son dicts. Cuando entiendes los diccionarios de Python, entiendes cómo funciona Python internamente.

Un diccionario (dict) asocia claves únicas con valores. Las claves pueden ser cualquier objeto hashable: strings (el caso más común), números enteros, flotantes, tuplas de hashables. Los valores pueden ser cualquier objeto Python, sin restricción.

La potencia fundamental del diccionario es el acceso O(1): no importa si el diccionario tiene 10 o 10 millones de pares, acceder a un valor por su clave toma el mismo tiempo constante (en promedio). Esta característica lo hace insustituible para cualquier sistema de búsqueda, caché, índice o mapa.

Desde Python 3.7, los diccionarios garantizan el orden de inserción. Esto combinado con el acceso O(1) los hace superiores a las listas para la mayoría de los casos de búsqueda. Y la sintaxis de comprensión de diccionarios (dict comprehensions) permite transformaciones complejas en expresiones concisas.

El módulo collections extiende el diccionario con tres variantes especializadas: defaultdict (valores por defecto automáticos), OrderedDict (con métodos adicionales de orden), y Counter (conteo de frecuencias). Conocer estas variantes y cuándo usarlas es una señal de madurez en Python.

## Hashing, colisiones y open addressing

Los diccionarios de Python son tablas hash. Comprender cómo funcionan explica tanto su velocidad como sus limitaciones.

Una tabla hash es un array de slots. Para almacenar un par (clave, valor), Python calcula hash(clave), que convierte la clave en un número entero. Luego calcula la posición en el array: posicion = hash(clave) % tamaño_del_array. Almacena el par en esa posición.

Para recuperar un valor, Python calcula de nuevo hash(clave), encuentra la posición, y devuelve el valor. Todo esto es O(1). El único requisito es que hash(clave) sea constante durante toda la vida del objeto, lo cual es por qué solo los objetos inmutables (hashables) pueden ser claves.

Las colisiones ocurren cuando dos claves distintas producen el mismo índice (mismo hash % tamaño). Python resuelve las colisiones con sondeo abierto (open addressing): si la posición está ocupada, Python sonda posiciones alternativas según una secuencia determinística hasta encontrar una libre. Esto significa que el rendimiento puede degradarse si la tabla está muy llena.

Para evitar degradación, Python mantiene el factor de carga (elementos / tamaño_tabla) por debajo de 2/3. Cuando se supera, el diccionario se redimensiona: se crea un nuevo array más grande (generalmente 2x) y todos los pares se reinsertan (rehashing). Este proceso es O(n) pero ocurre raramente, por lo que el costo amortizado de inserción sigue siendo O(1).

En Python 3.6+, el diccionario usa una representación compacta: un índice separado (array de enteros pequeños) apunta a una tabla de entradas compacta donde se almacenan los pares en orden de inserción. Esto garantiza el orden, reduce el uso de memoria (la tabla de entradas no tiene huecos), y mantiene el rendimiento O(1).

> 🧠 **Analogía**
>
> Un diccionario es como la recepción de un hotel con un sistema de llaves numeradas. Cuando el huésped "Juan García" llega (inserción), el recepcionista aplica una función de hash a su nombre (ej: suma los valores ASCII de las letras % 100 = habitación 47). Le asigna la habitación 47, y guarda el par "Juan García → habitación 47" en el sistema. Cuando Juan quiere sus maletas (búsqueda), el recepcionista aplica la misma función hash a "Juan García", va directamente a la habitación 47, y las recupera. No tiene que revisar todas las habitaciones. Si hay una colisión (dos huéspedes con el mismo hash), el sistema tiene reglas para encontrar la siguiente habitación disponible. Las llaves del hotel (las claves del dict) tienen que ser objetos que no cambien: no puedes tener una llave que se deforme con el tiempo (los objetos mutables no pueden ser claves).

## Claves hashables, comprensiones y métodos de dict

Los diccionarios tienen una sintaxis rica para creación, acceso, modificación y fusión.

| Operación | Descripción, complejidad y cuándo usar |
|---|---|
| `d = {} o d = dict()` | Crear diccionario vacío |
| `d = {'k': v, ...}` | Crear con literales |
| `d = dict(k=v, ...)` | Crear con kwargs (claves deben ser identificadores) |
| `d[clave]` | O(1) — acceso directo, KeyError si no existe |
| `d.get(c, default=None)` | O(1) — acceso seguro, devuelve default si no existe |
| `d.setdefault(c, default)` | O(1) — devuelve valor; si no existe, lo inserta |
| `d[clave] = valor` | O(1) — inserción o actualización |
| `del d[clave]` | O(1) — eliminación, KeyError si no existe |
| `d.pop(clave, default)` | O(1) — elimina y devuelve; default si no existe |
| `clave in d` | O(1) — verificación de existencia |
| `d.keys() / d.values() / d.items()` | Vistas dinámicas — no copian datos |

| | |
|---|---|
| `{**d1, **d2}` o `d1 \| d2` | Merge — d2 tiene prioridad en conflictos |

## Construyendo y consultando diccionarios eficientes

Python

```python
from collections import defaultdict, Counter, OrderedDict


# Patrones de acceso seguro

inventario = {'manzana': 50, 'banana': 30, 'cereza': 20}


# get() — valor por defecto si no existe

print(inventario.get('durazno', 0))  # 0, sin KeyError


# setdefault() — insertar si no existe, devolver el valor

inventario.setdefault('durazno', 0)

inventario['durazno'] += 10

print(f'Durazno: {inventario["durazno"]}')  # 10


# Counter — contar frecuencias

palabras = 'el gato come el ratón el perro come'

freq = Counter(palabras.split())

print(f'\nFrecuencias:')

for palabra, count in freq.most_common():

    print(f'  {palabra}: {count}')


# defaultdict — sin KeyError al agrupar

ventas = [('norte', 100), ('sur', 200), ('norte', 150),
```

```
        ('sur', 300), ('este', 50)]
por_zona = defaultdict(list)
for zona, monto in ventas:
    por_zona[zona].append(monto)

for zona, montos in por_zona.items():
    print(f'{zona}: total={sum(montos)}')
```

▶ **Salida esperada**

```
0
Durazno: 10
Frecuencias:
  el: 3
  come: 2
  gato: 1
  ratón: 1
  perro: 1
norte: total=250
sur: total=500
este: total=50
```

## El funcionamiento interno del hash explicado

get(clave, default) es preferible a d[clave] en la mayoría de los casos de acceso. La diferencia: d[clave] lanza KeyError si la clave no existe (comportamiento correcto cuando la ausencia es un error), mientras que get() devuelve None o el default (correcto cuando la ausencia es un caso normal).

setdefault(clave, default) es una operación atómica: devuelve el valor si la clave existe, o la inserta con el default y devuelve el default si no existe. Elimina el patrón verbose: if clave not in d: d[clave] = []; d[clave].append(valor).

Counter hereda de dict y añade métodos especializados: most_common(n) devuelve los n elementos más frecuentes, elements() devuelve un iterador de cada elemento repetido su número de veces, y Counter soporta operaciones aritméticas: Counter({'a': 3}) + Counter({'a': 1, 'b': 2}) = Counter({'a': 4, 'b': 2}).

defaultdict(list) crea un dict donde cualquier clave no existente automáticamente se inicializa con list() (una lista vacía). Esto elimina la necesidad de verificar si la clave existe antes de hacer append. defaultdict(int) inicializa con 0, defaultdict(set) con set(), etc.

### Diccionarios como despachadores y el patrón de caché

Los diccionarios son la implementación ideal para despachadores de comandos (reemplazando cadenas de if-elif) y para sistemas de caché manual.

Python

```python
import functools


# Despachador con diccionario — alternativa a if-elif largo

def sumar(a, b): return a + b

def restar(a, b): return a - b

def multiplicar(a, b): return a * b

def dividir(a, b): return a / b if b != 0 else None
```

```
operaciones = {
    '+': sumar, '-': restar,
    '*': multiplicar, '/': dividir
}

def calcular(a, op, b):
    fn = operaciones.get(op)
    if fn is None:
        raise ValueError(f'Operación desconocida: {op}')
    return fn(a, b)

print(calcular(10, '+', 5))   # 15
print(calcular(10, '/', 3))   # 3.333...

# Caché manual con diccionario
cache = {}

def fibonacci(n):
    if n in cache:
        return cache[n]
    if n <= 1:
        resultado = n
    else:
        resultado = fibonacci(n-1) + fibonacci(n-2)
    cache[n] = resultado
    return resultado

print([fibonacci(i) for i in range(10)])
```

▶ **Salida esperada**

```
15

3.3333333333333335

[0, 1, 1, 2, 3, 5, 8, 13, 21, 34]
```

## Claves no hashables y suposiciones sobre el orden

> ⚠ **Error frecuente**
>
> KeyError al acceder con d[clave] cuando la clave no existe. Usa d.get(clave) para acceso seguro, o if clave in d: antes del acceso.

> ⚠ **Error frecuente**
>
> Iterar sobre un diccionario y modificar su tamaño (agregar o eliminar claves) durante la iteración. Lanza RuntimeError. Itera sobre list(d.items()) o construye un nuevo dict.

> ⚠ **Error frecuente**
>
> Usar un objeto mutable (lista, dict) como clave. Solo los hashables pueden ser claves: TypeError: unhashable type: 'list'. Convierte la lista a tupla.

> ⚠ **Error frecuente**
>
> Confundir d.values() con list(d.values()). Las vistas (values(), keys(), items()) son objetos dinámicos que reflejan cambios al dict; si necesitas una copia estática,

> usa list().

## Diccionarios como caché y despachadores

> **En producción**
>
> Los diccionarios son la representación natural de JSON. La biblioteca estándar json convierte: json.loads(string) → dict, json.dumps(dict, indent=2) → string JSON formateado. Pydantic usa diccionarios internamente para validar y convertir datos JSON a objetos Python tipados. En FastAPI, los modelos Pydantic se serializan a diccionarios para las respuestas JSON.

> **Consejo profesional**
>
> Para diccionarios muy grandes donde necesitas saber con qué frecuencia se accede a cada clave, considera collections.Counter. Para diccionarios donde el orden de inserción importa y necesitas operaciones de reordenación, usa collections.OrderedDict.move_to_end(). Para configuraciones inmutables, considera types.MappingProxyType(d) que crea un dict de solo lectura.

## Resumen: diccionarios

- Los diccionarios son tablas hash con acceso, inserción y búsqueda O(1) en promedio.
- Solo objetos hashables (inmutables) pueden ser claves.

- Desde Python 3.7, los dicts garantizan el orden de inserción.
- get(clave, default) es más seguro que d[clave] cuando la ausencia es caso normal.
- setdefault() es una operación atómica de get-o-inicializar.
- Counter, defaultdict y OrderedDict son extensiones especializadas del dict.
- Las vistas (items(), keys(), values()) son dinámicas: reflejan el estado actual sin copiar.
- El patrón despachador con dict es más limpio y extensible que largas cadenas if-elif.

## Ejercicios: diccionarios

43. Implementa un índice invertido: dado un texto, crea un dict donde cada palabra mapea a la lista de posiciones donde aparece.
44. Usa Counter para analizar la distribución de letras en un texto y graficarlo con barras de texto.
45. Implementa un sistema de caché LRU manual con un dict y un límite de tamaño.
46. Crea un despachador de comandos CLI con diccionario que soporte 'ayuda', 'salir', 'listar', 'agregar', 'eliminar'.
47. Usa defaultdict(lambda: defaultdict(int)) para crear una tabla de frecuencias bidimensional.
48. Mide con timeit la diferencia de velocidad entre búsqueda en lista vs diccionario para 100.000 elementos.

# Funciones

> *Las funciones son bloques reutilizables de código y ciudadanos de primera clase en Python. Pueden asignarse, pasarse y devolverse como cualquier otro objeto.*

## Funciones como ciudadanos de primera clase

Las funciones son la unidad fundamental de organización y reutilización de código en Python. Una función bien diseñada encapsula una tarea específica, tiene un nombre que describe claramente qué hace, y puede ser llamada desde cualquier parte del código sin duplicar lógica.

En Python, las funciones son "ciudadanos de primera clase" (first-class citizens). Esto significa que las funciones son objetos Python como cualquier otro: pueden asignarse a variables (funcion = mi_funcion), almacenarse en listas o diccionarios (acciones = [sumar, restar, multiplicar]), pasarse como argumentos a otras funciones (sorted(lista, key=mi_funcion)), y ser devueltas como resultado de otras funciones (return mi_funcion). Esta característica abre la puerta a toda la programación funcional y a los decoradores.

El Principio de Responsabilidad Única (Single Responsibility Principle, SRP) dice que cada función debe hacer una sola cosa y hacerla bien. Una función que hace muchas cosas es difícil de nombrar (su nombre sería algo vago como procesar_datos o hacer_cosas), difícil de testear (¿qué unittest cubre exactamente?), difícil de reutilizar (necesitas toda la función pero solo quieres parte de su lógica), y difícil de mantener (cambiar una parte puede romper otra).

Los type hints, introducidos en Python 3.5 (PEP 484), permiten anotar los tipos esperados de los parámetros y el valor de retorno: def calcular(precio: float, cantidad: int) -> float. Python no ejecuta estas anotaciones en runtime (no son verificaciones en tiempo de ejecución), pero son leídas por herramientas de análisis estático como mypy, pylance, pyright, y por los IDEs para autocompletar y detectar errores. En proyectos modernos de Python, los type hints son esenciales.

## Scope LEGB, closures y paso de argumentos

Cuando Python define una función (ejecuta el statement def), crea un objeto de tipo function en el heap. Este objeto tiene los siguientes atributos importantes: __name__ (el nombre de la función), __doc__ (el docstring), __annotations__ (los type hints como dict), __defaults__ (los valores por defecto de los parámetros), __code__ (el objeto código con el bytecode de la función), y __globals__ (referencia al namespace global del módulo donde se definió).

Cuando Python llama a una función, crea un nuevo "frame de ejecución" (execution frame) en la pila de llamadas. Este frame contiene: el objeto código (__code__), el namespace local (un dict con las variables locales), y una referencia al frame del llamador.

La búsqueda de nombres sigue la regla LEGB: primero busca en el scope Local (las variables locales del frame actual), luego en los scopes Enclosing (frames de funciones que contienen a la actual, relevante para closures), luego en el scope Global (el namespace del módulo), y finalmente en el scope Built-in (el namespace de las funciones incorporadas como print, len, range).

Las closures ocurren cuando una función anidada referencia variables del scope de la función exterior. Estas variables se convierten en "free variables" (variables libres) de la función interna y se almacenan en el atributo __closure__ de la función. Persisten incluso después de que la función exterior haya retornado.

> 🧠 **Analogía**
>
> Una función es como una máquina industrial bien diseñada. Tiene una interfaz clara (los parámetros: qué entra), realiza un proceso específico (el cuerpo: qué hace), y produce un resultado predecible (el valor de retorno: qué sale). Una buena máquina hace una sola cosa muy bien y puede conectarse con otras máquinas para construir sistemas más complejos. Los decoradores son como envoltorios o mejoras de una máquina: tomas la máquina existente, la envuelves en un módulo adicional que añade funcionalidades (registro de uso, control de acceso, medición de tiempo), y el resultado externo se comporta igual que la máquina original pero con capacidades adicionales. Las closures son como una caja de herramientas personalizada: la función interna tiene acceso a su propio contenedor (el scope exterior) incluso después de que la función que la creó haya terminado. Es como si la máquina interna tuviera una memoria de los materiales disponibles cuando fue construida.

## Argumentos, *args, **kwargs y type hints

Python tiene una de las definiciones de parámetros más flexibles entre los lenguajes de programación modernos.

| Tipo de parámetro/argumento | Descripción y ejemplo |
|---|---|
| `def f(a, b)` | Posicionales: deben pasarse en orden |
| `def f(a, b=10)` | Con default: b es opcional (10 si no se pasa) |
| `def f(*args)` | Captura posicionales extra como tupla |
| `def f(**kwargs)` | Captura keyword extra como dict |
| `def f(*, nombre)` | Keyword-only: DEBE pasarse por nombre |
| `def f(a, /, b)` | a es posicional-only (no puede pasarse por nombre) |
| `f(a=1, b=2)` | Llamada con argumentos por nombre (cualquier orden) |
| `f(*[1,2,3])` | Desempaquetar lista como argumentos posicionales |
| `f(**{'a':1,'b':2})` | Desempaquetar dict como argumentos keyword |
| `def f(a: int, b: str) -> float:` | Firma con type hints completos |

## Diseñando funciones reutilizables

Python

```
from typing import Optional, Union
```

```
import functools


def crear_saludo(
    nombre: str,
    titulo: Optional[str] = None,
    *,
    idioma: str = 'es',
    formal: bool = False
) -> str:
    """
    Crea un saludo personalizado.

    Args:
        nombre: nombre de la persona
        titulo: título opcional (Dr., Prof., etc.)
        idioma: código de idioma (es, en, fr) - keyword only
        formal: si usar forma formal - keyword only
    Returns:
        String con el saludo formateado
    """
    saludos = {'es': ('Hola', 'Buenos días'),
               'en': ('Hi', 'Good morning'),
               'fr': ('Salut', 'Bonjour')}
    informal, formal_txt = saludos.get(idioma, saludos['es'])
    saludo = formal_txt if formal else informal
    nombre_completo = f'{titulo} {nombre}' if titulo else nombre
    return f'{saludo}, {nombre_completo}!'


print(crear_saludo('Ana'))
```

```
print(crear_saludo('García', 'Dra.', formal=True))

print(crear_saludo('John', idioma='en'))
```

▶ **Salida esperada**

```
Hola, Ana!

Buenos días, Dra. García!

Hi, John!
```

## Resolución de nombres paso a paso

El asterisco * como separador en la firma de la función divide los parámetros: todo lo que viene antes puede pasarse por posición o por nombre; todo lo que viene después del * SOLO puede pasarse por nombre (keyword-only). Esto hace la API de la función más explícita y resistente a errores de orden de argumentos.

Optional[str] del módulo typing indica que el parámetro puede ser str o None. Es equivalente a Union[str, None]. En Python 3.10+ puedes escribir str | None directamente.

El docstring sigue el estilo Google con secciones Args y Returns. Este formato es leído automáticamente por herramientas de generación de documentación como Sphinx y pdoc. La función help(crear_saludo) mostrará este docstring formateado.

El patrón saludos.get(idioma, saludos['es']) usa el valor por defecto de get() para manejar idiomas no soportados sin lanzar KeyError. Es más robusto que saludos[idioma].

## Closures, funciones de orden superior y decoradores avanzados

Las closures y los decoradores son patrones fundamentales en Python profesional. Permiten escribir código más modular, reutilizable y expresivo.

```python
import functools
import time
from typing import Callable, TypeVar, Any


# Closure — función que recuerda su entorno de creación
def crear_multiplicador(factor: int) -> Callable[[int], int]:
    def multiplicar(x: int) -> int:
        return x * factor  # captura 'factor' del scope externo
    return multiplicar


doble = crear_multiplicador(2)
triple = crear_multiplicador(3)
print(doble(5), triple(5))  # 10 15


# Decorador parametrizado
def reintentar(max_intentos: int = 3, espera: float = 1.0):
    def decorador(func):
        @functools.wraps(func)
        def wrapper(*args, **kwargs):
            for intento in range(max_intentos):
                try:
                    return func(*args, **kwargs)
```

```
                except Exception as e:
                    if intento == max_intentos - 1:
                        raise
                    print(f'Reintento {intento+1}/{max_intentos}: {e}')
                    time.sleep(espera)
        return wrapper
    return decorador

@reintentar(max_intentos=3, espera=0.1)
def llamada_api_simulada():
    import random
    if random.random() < 0.7:  # 70% de fallo
        raise ConnectionError('Timeout')
    return {'status': 'ok'}
```

▶ **Salida esperada**

```
10 15
(posibles reintentos antes del éxito o fallo final)
```

## Efectos secundarios y estado compartido

> ⚠ **Error frecuente**
>
> Argumento mutable como default: def f(lista=[]). El mismo objeto lista se reutiliza en TODAS las llamadas. Siempre usa None y crea el objeto dentro: if lista is None: lista = [].

> ⚠ **Error frecuente**
>
> Olvidar return en una función que debe devolver un valor. Python devuelve None implícitamente. El código que llama a la función recibe None y puede lanzar AttributeError silenciosamente.

> ⚠ **Error frecuente**
>
> No usar @functools.wraps(func) en el wrapper de un decorador. Sin ello, el nombre y docstring de la función original se pierden: funcion.__name__ sería 'wrapper' en lugar del nombre correcto.

> ⚠ **Error frecuente**
>
> Modificar una variable global dentro de una función sin declararla con global. Python crea una variable local con el mismo nombre (UnboundLocalError si la lees antes de asignarla).

## Decoradores y composición en código real

> 🏭 **En producción**
>
> En código de producción: todas las funciones públicas deben tener type hints completos y docstrings en formato Google o NumPy. Usa mypy o pyright en modo estricto para verificación estática de tipos. Los decoradores @functools.lru_cache y @functools.cache son perfectos para memoización de funciones puras costosas. Para logging estructurado en funciones, usa el decorador @logging.log_function_call del módulo

structlog.

**Consejo profesional**

La función inspect del módulo estándar permite introspección completa de funciones: inspect.signature(f) devuelve la firma con todos los parámetros y sus defaults, inspect.getsource(f) devuelve el código fuente, inspect.getdoc(f) devuelve el docstring procesado. Son invaluables para debugging y para frameworks que necesitan introspeccionar funciones (FastAPI, pytest).

## Resumen: funciones

- Las funciones son objetos de primera clase: se asignan, pasan y devuelven como cualquier objeto.
- La regla LEGB define el orden de búsqueda de nombres: Local, Enclosing, Global, Built-in.
- *args captura posicionales extras como tupla; **kwargs captura keywords como dict.
- * como separador en la firma hace que los parámetros siguientes sean keyword-only.
- Los defaults mutables son un bug clásico: siempre usa None y crea el objeto dentro.
- Los type hints son documentación ejecutable: úsalos siempre en código de producción.
- @functools.wraps preserva los metadatos de la función decorada.
- Las closures capturan variables del scope exterior y las preservan en __closure__.

## Ejercicios: funciones y closures

49. Implementa un decorador @log_llamadas que imprima los argumentos y el resultado de cada llamada.
50. Crea una función crear_validador(min_len, max_len, patron) que devuelva una función validadora.
51. Implementa @cache_ttl(segundos=60) que invalide la caché después del tiempo especificado.
52. Escribe una función compose(*funciones) que aplique las funciones en secuencia: compose(f,g,h)(x) = h(g(f(x))).
53. Usa inspect.signature para crear una función que imprima la documentación de otra función en formato tabular.
54. Implementa curry(): una función que convierta f(a,b,c) en f(a)(b)(c).

# Manejo de Errores y Excepciones

> *Las excepciones son el mecanismo de Python para manejar situaciones inesperadas de forma controlada. El código robusto anticipa y gestiona los errores sin colapsar.*

## Excepciones y la filosofía EAFP

El manejo de errores es la diferencia más visible entre el código de aprendizaje y el código de producción. En el código de aprendizaje, los errores son accidentales y se manejan ignorándolos (try: ... except: pass) o dejando que el programa colapse. En el código de producción, los errores son esperados, clasificados y manejados de forma informativa y controlada.

Python usa el paradigma EAFP (Easier to Ask Forgiveness than Permission): en lugar de verificar si una operación es válida antes de intentarla (estilo LBYL: Look Before You Leap), Python prefiere intentar la operación y manejar el error si ocurre. Esto hace el código más conciso y más resistente a condiciones de carrera (race conditions).

LBYL: if os.path.exists(archivo): contenido = open(archivo).read() EAFP: try: contenido = open(archivo).read() except FileNotFoundError: manejar_error()

La diferencia práctica: en el estilo LBYL, entre la verificación (os.path.exists) y la operación (open), otro proceso podría eliminar el archivo, causando un error de todas formas. El estilo EAFP no tiene esta vulnerabilidad.

La jerarquía de excepciones de Python es una jerarquía de clases. BaseException es la raíz absoluta. Exception es la clase base para casi todas las excepciones que los programas deberían manejar. ArithmeticError cubre ZeroDivisionError, OverflowError, FloatingPointError. LookupError cubre IndexError y KeyError. OSError cubre FileNotFoundError, PermissionError, TimeoutError, ConnectionError. ValueError y TypeError son las más comunes. SystemExit, KeyboardInterrupt y GeneratorExit heredan directamente de BaseException, no de Exception, porque son señales del sistema que generalmente no deben ser capturadas por el código de la aplicación.

## Cómo se propaga una excepción por la pila

Cuando Python lanza una excepción (raise), crea un objeto de la clase de excepción correspondiente. Este objeto contiene: el tipo de excepción (type(e)), el mensaje de error (str(e)), el traceback (e.__traceback__), y en Python 3, las excepciones encadenadas (__cause__ para raise X from Y y __context__ para excepciones implícitas).

Python busca un manejador de excepción recorriendo la pila de llamadas hacia arriba (unwinding the stack). Para cada frame en la pila, verifica si existe un try/except activo que capture el tipo de excepción. La verificación usa isinstance: un except ValueError: captura ValueError y cualquier subclase de ValueError.

Si ningún frame tiene un manejador, Python llega al nivel superior del programa. Si está en modo interactivo, imprime el traceback y continúa. Si está ejecutando un script, imprime el traceback y termina con código de salida 1. En aplicaciones web y servicios, generalmente hay un manejador de excepciones de último recurso (middleware) que captura todo lo no manejado, loguea el error con el traceback completo, y devuelve una respuesta de error apropiada.

El módulo traceback proporciona funciones para inspeccionar y formatear tracebacks programáticamente. El módulo logging es la forma correcta de registrar excepciones en producción: logging.exception('mensaje') loguea el mensaje más el traceback completo automáticamente.

Los context managers (implementados con __enter__ y __exit__, o con @contextmanager) garantizan que ciertos recursos (archivos, conexiones de BD, locks) se liberen correctamente incluso si ocurre una excepción. El bloque with es el mecanismo de Python para usar context managers.

> 🧠 **Analogía**
>
> El manejo de excepciones es como el sistema de control en una planta industrial. La planta tiene procesos normales (el bloque try). Cuando algo sale mal — un sensor falla, una válvula se atasca, la presión es incorrecta — el sistema de control detecta el tipo de problema (except TipoEspecífico) y ejecuta el protocolo correspondiente: cierra la válvula (except Error: cerrar_recursos()), activa la alarma (logging.error()), o notifica al operador. El bloque finally es como los procedimientos de seguridad que SIEMPRE se ejecutan al final: cerrar válvulas, apagar equipos, guardar el estado, independientemente de si todo fue bien o hubo una emergencia.

## try, except, else, finally y raise from

La estructura completa try/except/else/finally cubre todos los casos de manejo de errores.

| Bloque / Instrucción | Cuándo se ejecuta y para qué |
|---|---|
| `try:` | Siempre — código que puede lanzar excepción |
| `except TipoError:` | Si y solo si TipoError (o subclase) fue lanzado |
| `except (E1, E2) as e:` | Si E1 o E2; e es el objeto excepción |
| `except Exception as e:` | Captura todas las excepciones de aplicación |
| `except:` | Captura TODO, incluyendo SystemExit — EVITAR |
| `else:` | Solo si try NO lanzó excepción — 'el camino feliz' |
| `finally:` | SIEMPRE — liberación de recursos garantizada |
| `raise ValueError('msg')` | Lanzar excepción manualmente |
| `raise ValueError('msg') from original` | Encadenar excepciones |
| `raise` | Re-lanzar la excepción actual con traceback intacto |
| `with recurso as r:` | Context manager — garantiza liberación |

## Capturando y gestionando errores con criterio

Python

```
import logging
import json
from pathlib import Path
from contextlib import contextmanager

# Configurar logging apropiado
logging.basicConfig(
    level=logging.INFO,
    format='%(asctime)s [%(levelname)s] %(name)s: %(message)s'
)
log = logging.getLogger(__name__)

def cargar_json(ruta: str) -> dict:
    """Carga un archivo JSON con manejo completo de errores."""
    ruta_path = Path(ruta)
    try:
        with open(ruta_path, encoding='utf-8') as f:
            datos = json.load(f)
    except FileNotFoundError:
        log.warning(f'Archivo no encontrado: {ruta}')
        return {}
    except PermissionError:
        log.error(f'Sin permisos para leer: {ruta}')
        raise  # error de sistema — propagar
    except json.JSONDecodeError as e:
        log.error(f'JSON malformado en {ruta}: {e}')
```

```
            raise ValueError(f'Archivo {ruta} contiene JSON inválido') from e

    else:

        log.info(f'Cargado {ruta}: {len(datos)} claves')

        return datos

    finally:

        log.debug(f'Intento de carga finalizado para: {ruta}')


# Context manager personalizado

@contextmanager

def temporizador(nombre: str):

    import time

    log.info(f'Iniciando: {nombre}')

    inicio = time.perf_counter()

    try:

        yield

    except Exception as e:

        log.error(f'{nombre} falló: {e}')

        raise

    finally:

        duracion = time.perf_counter() - inicio

        log.info(f'{nombre} completado en {duracion:.3f}s')


with temporizador('Carga de configuración'):

    config = cargar_json('config.json')
```

▶ **Salida esperada**

```
INFO: Iniciando: Carga de configuración

WARNING: Archivo no encontrado: config.json
```

```
INFO: Carga de configuración completado en 0.001s
```

## La jerarquía de excepciones explicada

raise ValueError(...) from e crea una excepción encadenada. El atributto __cause__ de la nueva excepción apunta a la original. Cuando Python muestra el traceback, mostrará ambas excepciones con el mensaje "The above exception was the direct cause of the following exception". Esto es crucial para debugging: preserva el contexto del error original mientras añade contexto de la capa de la aplicación.

El bloque else en try/except/else/finally se ejecuta solo si try NO lanzó ninguna excepción. Es semánticamente diferente de poner el código al final del try: si el código en else lanza una excepción, no será capturada por los except del try (mientras que si estuviera en el try, sí lo sería). El else es para "el camino feliz" — la lógica que solo tiene sentido si todo fue bien.

El decorador @contextmanager de contextlib permite crear context managers usando yield en lugar de definir __enter__ y __exit__. El código antes del yield es __enter__, el yield produce el valor (si se usa as), y el código después del yield (en finally) es __exit__.

logging.getLogger(__name__) crea un logger con el nombre del módulo actual. En producción, la jerarquía de loggers permite configurar qué se loguea y dónde para cada parte de la aplicación.

### Excepciones personalizadas y jerarquía de errores de aplicación

Una jerarquía de excepciones bien diseñada hace el código más expresivo, más fácil de manejar y más informativo para debugging.

```python
from dataclasses import dataclass


# Jerarquía de excepciones de aplicación
class AppError(Exception):
    """Base para todos los errores de la aplicación."""
    def __init__(self, mensaje: str, codigo: str = 'ERR_GENERICO'):
        super().__init__(mensaje)
        self.codigo = codigo


class ErrorValidacion(AppError):
    def __init__(self, campo: str, valor, razon: str):
        super().__init__(
            f'Campo {campo!r} inválido: {razon}',
            codigo='ERR_VALIDACION'
        )
        self.campo = campo
        self.valor = valor


class ErrorRecursoNoEncontrado(AppError):
    def __init__(self, tipo: str, identificador):
        super().__init__(
            f'{tipo} con id={identificador!r} no existe',
```

```
            codigo='ERR_NO_ENCONTRADO'
        )


# Uso en código de negocio
def obtener_usuario(user_id: int) -> dict:
    if not isinstance(user_id, int) or user_id <= 0:
          raise ErrorValidacion('user_id', user_id, 'debe ser
entero positivo')
    db = {1: {'nombre': 'Ana'}, 2: {'nombre': 'Bruno'}}
    if user_id not in db:
        raise ErrorRecursoNoEncontrado('Usuario', user_id)
    return db[user_id]


try:
    usuario = obtener_usuario(99)
except ErrorRecursoNoEncontrado as e:
    print(f'[{e.codigo}] {e}')
except ErrorValidacion as e:
    print(f'[{e.codigo}] Campo {e.campo}: {e}')
```

▶ **Salida esperada**

```
[ERR_NO_ENCONTRADO] Usuario con id=99 no existe
```

## Capturas demasiado amplias y errores silenciados

> ! **Error frecuente**
>
> except: o except Exception: como captura universal

silencia errores que deberían propagarse. Captura siempre tipos específicos; usa logging.exception() si debes capturar todo.

⚠ **Error frecuente**

Pasar silenciosamente en el except (except TipoError: pass). Los errores silenciados son los más difíciles de depurar. Al menos loguea: logging.exception('Error inesperado').

⚠ **Error frecuente**

No usar finally para liberar recursos. Si una excepción ocurre después de abrir un archivo/conexión y antes de cerrarlo, el recurso queda abierto. Usa with o finally.

⚠ **Error frecuente**

Lanzar excepciones demasiado genéricas: raise Exception('algo salió mal'). El código que llama no puede manejar específicamente un error genérico. Usa tipos específicos.

## Logging y manejo de errores en producción

**En producción**

En aplicaciones web (FastAPI, Django), implementa un middleware de manejo de excepciones que: capture todas las AppError no manejadas, las convierta a respuestas HTTP apropiadas (400 para errores de cliente, 404 para no encontrado, 500 para errores del servidor), y las loguee con el traceback completo usando structlog o similar para logging estructurado (JSON). Nunca expongas tracebacks de Python en respuestas HTTP de producción.

**Consejo profesional**

El módulo contextlib ofrece suppress(TipoError): with contextlib.suppress(FileNotFoundError): os.remove('temp.txt'). Es más idiomático que try/except/pass cuando genuinamente quieres ignorar un error específico. También nullcontext() es útil para context managers condicionales.

## Resumen: excepciones

- Python sigue el estilo EAFP: intenta la operación y maneja el error si ocurre.
- La jerarquía BaseException → Exception → [tipos específicos] organiza todos los errores.
- try/except/else/finally: try siempre, except si hay error, else si no hay error, finally siempre.
- raise from encadena excepciones preservando el contexto del error original.
- Los context managers (with) garantizan la liberación de recursos en cualquier caso.
- @contextmanager permite crear context managers con yield de forma sencilla.
- Una jerarquía de excepciones propia hace el código más expresivo y manejable.
- logging.exception() loguea el mensaje más el traceback completo automáticamente.

## Ejercicios: manejo de errores

55. Crea una jerarquía de excepciones para un sistema de banco con al menos 6 tipos específicos.
56. Implementa @reintentar(max=3, exceptions=(ConnectionError,)) usando decoradores.
57. Escribe un context manager @managed_db_connection que garantice commit o rollback.
58. Implementa un sistema de logging estructurado (JSON) usando el módulo logging estándar.
59. Demuestra la diferencia entre raise X from Y (causa explícita) y raise X (contexto implícito).
60. Crea un middleware de FastAPI que convierta tu jerarquía de AppError a respuestas HTTP apropiadas.

# Programación Orientada a Objetos

> *La POO organiza el código en clases y objetos que modelan entidades del mundo real, encapsulando datos y comportamiento en unidades cohesivas.*

## POO: encapsulamiento, herencia y polimorfismo

La Programación Orientada a Objetos (POO) es un paradigma de diseño de software que organiza el código alrededor de objetos — entidades que combinan datos (atributos o propiedades) y comportamiento (métodos o funciones). En lugar de pensar en funciones que operan sobre datos separados, en POO piensas en objetos que son responsables de sus propios datos y de las operaciones que les aplican.

Python soporta POO de forma completa y elegante, pero no la impone: puedes escribir programas Python perfectamente válidos y profesionales sin usar clases (como scripts, pipelines de datos funcionales, o aplicaciones puramente procedurales). La POO es una herramienta, y como toda herramienta, es apropiada para ciertos problemas y no para otros.

Los cuatro pilares de la POO son principios de diseño, no características técnicas:

Encapsulamiento: agrupar datos y los métodos que operan sobre esos datos en una unidad (la clase), y controlar el acceso desde el exterior. No se trata solo de hacer atributos "privados" con _, sino de exponer solo la interfaz necesaria y ocultar los detalles de implementación. Si un usuario de tu clase no necesita saber cómo está implementado algo internamente, no debería tener acceso directo.

Abstracción: modelar entidades del dominio del problema a un nivel apropiado de detalle, ocultando la complejidad innecesaria. Una clase CuentaBancaria expone depositar(), retirar(), consultar_saldo(), pero no expone cómo internamente gestiona el historial de transacciones o valida los límites.

Herencia: crear nuevas clases (subclases) basadas en clases existentes (superclases), reutilizando y extendiendo su comportamiento. Una clase Empleado puede heredar de Persona, añadiendo atributos como salario y empresa. Una clase GerenteRegional puede heredar de Empleado, añadiendo métodos de gestión de equipos.

Polimorfismo: la capacidad de objetos de diferentes tipos de responder al mismo mensaje (nombre de método) de formas diferentes. Si tienes una lista de objetos [Circulo(5), Rectangulo(4,6), Triangulo(3,4,5)], puedes llamar a .area() en cada uno y obtienes el cálculo correcto para cada tipo, aunque cada clase lo implementa de forma diferente.

## Clases, instancias y el MRO de Python

Cuando Python procesa una definición de clase (class MiClase:), crea un objeto de tipo type (la metaclass por defecto). Este objeto actúa como fábrica para crear instancias. La clase tiene un __dict__ que es un namespace con todos sus atributos y métodos.

Cuando creas una instancia (obj = MiClase()), Python: 1. Llama a MiClase.__new__(MiClase) para crear el objeto vacío. __new__ retorna la nueva instancia. Por defecto, object.__new__() asigna memoria. 2. Llama a MiClase.__init__(obj, *args, **kwargs) para inicializar la instancia. __init__ recibe el objeto recién creado como primer argumento (self). 3. Devuelve obj.

La búsqueda de atributos en Python sigue el MRO (Method Resolution Order) para herencia múltiple, calculado con el algoritmo C3 linearization. obj.metodo() busca primero en el __dict__ de obj, luego en el __dict__ de su clase, luego en las superclases siguiendo el MRO. Esto permite que las subclases sobreescriban métodos sin afectar a la superclase.

Los "descriptores" son el mecanismo que implementa propiedades, métodos, métodos de clase y métodos estáticos. @property crea un objeto descriptor que intercepta el acceso a atributo y llama a una función. Cuando accedes a obj.precio, Python detecta que precio es un descriptor en la clase, y llama a descriptor.__get__(obj, type(obj)) en lugar de devolver el valor directamente.

El "name mangling" para atributos con doble guion bajo (__nombre) es una transformación de nombre: __nombre en la clase MiClase se convierte en _MiClase__nombre. Esto previene colisiones accidentales en herencia, no es verdadera privacidad: puedes acceder a obj._MiClase__nombre si lo necesitas.

> **Analogía**
>
> Una clase es el plano arquitectónico de un edificio. Define la estructura: cuántos pisos (atributos), qué funcionalidades tiene (métodos), cómo se relaciona con otros tipos de edificios (herencia). Pero el plano no es el edificio: es el molde para construirlo. Las instancias son los edificios concretos construidos a partir del plano. Cada edificio es independiente: tiene su propia dirección (id), sus propios inquilinos (valores de atributos de instancia), aunque todos comparten la misma estructura (los métodos de la clase). La herencia es como especializarse: a partir del plano de "edificio", creas el plano de "edificio de oficinas" (que hereda todas

las características del edificio pero añade salas de conferencias y ascensores para carga) y el de "edificio residencial" (que añade apartamentos y áreas comunes). Los edificios de oficinas son edificios (isinstance(edificio_oficinas, Edificio) = True), pero tienen características adicionales.

## Métodos especiales y protocolos del lenguaje

Python ofrece una sintaxis rica para definir clases con múltiples tipos de métodos y atributos.

| Elemento de clase | Descripción y cuándo usar |
|---|---|
| `def __init__(self, ...)` | Constructor: inicializa atributos de instancia |
| `self.atributo = valor` | Atributo de instancia: único para cada objeto |
| `ClaseAtributo = valor` | Atributo de clase: compartido por todas las instancias |
| `def metodo(self)` | Método de instancia: opera sobre el objeto (self) |
| `@classmethod def f(cls)` | Método de clase: recibe la clase como primer arg |
| `@staticmethod def f()` | Función del namespace de la clase, sin self/cls |
| `@property def nombre(self)` | Getter: acceso como si fuera atributo |

| | |
|---|---|
| `@nombre.setter def nombre(self, v)` | Setter con lógica de validación |
| `def __str__(self)` | Representación legible para humanos (print) |
| `def __repr__(self)` | Representación técnica para debugging |
| `def __eq__(self, otro)` | Definir igualdad con == |
| `def __hash__(self)` | Hacer el objeto hashable (si es immutable) |
| `class Hija(Padre)` | Herencia simple |
| `class Hija(P1, P2)` | Herencia múltiple |
| `super().__init__(...)` | Llamar al constructor del padre |

## Modelando entidades con clases

Python

```
from dataclasses import dataclass, field

from abc import ABC, abstractmethod

from typing import List, ClassVar


@dataclass

class Producto:

    nombre: str

    precio: float

    stock: int = 0
```

```
    _historial: List[str] = field(default_factory=list,
repr=False)

    _total_creados: ClassVar[int] = 0  # atributo de clase


    def __post_init__(self):

        Producto._total_creados += 1

        if self.precio < 0:

            raise ValueError('Precio no puede ser negativo')


    @property

    def disponible(self) -> bool:

        return self.stock > 0


    @property

    def precio_con_iva(self) -> float:

        return round(self.precio * 1.19, 2)


    def vender(self, cantidad: int = 1) -> float:

        if cantidad > self.stock:

          raise ValueError(f'Stock insuficiente: {self.stock}')

        self.stock -= cantidad

        total = self.precio * cantidad

              self._historial.append(f'Venta x{cantidad}: $
{total:.2f}')

        return total


    @classmethod

    def total_creados(cls) -> int:

        return cls._total_creados
```

```
laptop = Producto('Laptop Pro', 999.99, stock=10)
print(f'Precio con IVA: ${laptop.precio_con_iva}')
print(f'Disponible: {laptop.disponible}')
total = laptop.vender(2)
print(f'Venta: ${total:.2f}, Stock: {laptop.stock}')
print(f'Total productos creados: {Producto.total_creados()}')
```

▶ **Salida esperada**

```
Precio con IVA: $1189.99
Disponible: True
Venta: $1999.98, Stock: 8
Total productos creados: 1
```

## Herencia y métodos dunder explicados

@dataclass genera __init__, __repr__ y __eq__ automáticamente basándose en los type hints. __post_init__ se llama después del __init__ generado, permitiendo validación y lógica de inicialización adicional.

field(default_factory=list) es necesario para atributos de instancia con valores por defecto mutables. Sin default_factory, usarías un argumento mutable compartido (el bug clásico). field(repr=False) excluye el campo del __repr__ generado.

ClassVar[int] indica que _total_creados es un atributo de clase (compartido por todas las instancias), no de instancia. @dataclass respeta esta anotación y no lo incluye en __init__.

@property convierte un método en un atributo calculado. laptop.precio_con_iva se accede como si fuera un atributo normal, pero internamente ejecuta el cálculo. Esto es transparente para el usuario de la clase: si un día necesitas cambiar la lógica de cálculo, cambias el método, no la interfaz.

@classmethod recibe cls (la clase) como primer argumento en lugar de self (la instancia). Se puede llamar tanto desde la clase (Producto.total_creados()) como desde una instancia (laptop.total_creados()), pero cls siempre es la clase.

### Herencia, polimorfismo y el Principio de Sustitución de Liskov

El polimorfismo permite que código genérico trabaje con objetos de diferentes tipos. El Principio de Sustitución de Liskov dice que una subclase debe poder usarse donde se espera la superclase sin romper el comportamiento.

Python

```python
from abc import ABC, abstractmethod

from typing import List

import math


class Figura(ABC):

    """Clase abstracta base para figuras geométricas."""


    @abstractmethod

    def area(self) -> float:

        ...
```

```
    @abstractmethod
    def perimetro(self) -> float:
        ...

    def descripcion(self) -> str:  # método concreto heredado
        return (f'{type(self).__name__}: '
                f'área={self.area():.2f}, '
                f'perímetro={self.perimetro():.2f}')

class Circulo(Figura):
    def __init__(self, radio: float):
        self.radio = radio
    def area(self) -> float: return math.pi * self.radio**2
    def perimetro(self) -> float: return 2 * math.pi * self.radio

class Rectangulo(Figura):
    def __init__(self, ancho: float, alto: float):
        self.ancho, self.alto = ancho, alto
    def area(self) -> float: return self.ancho * self.alto
    def perimetro(self) -> float: return 2*(self.ancho+self.alto)

# Polimorfismo: la función trabaja con cualquier Figura
def informe_figuras(figuras: List[Figura]) -> None:
    total_area = sum(f.area() for f in figuras)
    for f in figuras:
        print(f'  {f.descripcion()}')
    print(f'  TOTAL área: {total_area:.2f}')
```

```
figuras = [Circulo(5), Rectangulo(4,6), Circulo(3), Rectangulo(2,8)]

informe_figuras(figuras)
```

▶ **Salida esperada**

```
Circulo: área=78.54, perímetro=31.42

Rectangulo: área=24.00, perímetro=20.00

Circulo: área=28.27, perímetro=18.85

Rectangulo: área=16.00, perímetro=20.00

TOTAL área: 146.81
```

## Herencia múltiple y jerarquías frágiles

⚠ **Error frecuente**

Olvidar self como primer parámetro de los métodos de instancia. TypeError: metodo() takes 0 positional arguments but 1 was given — Python pasa la instancia automáticamente.

⚠ **Error frecuente**

Usar atributos de clase mutables (lista, dict) pensando que son de instancia. class C: items = [] — todos los objetos comparten la misma lista. Usa def __init__(self): self.items = [].

⚠ **Error frecuente**

No llamar a super().__init__() en la subclase. Los atributos del padre no se inicializan.

> ⚠ **Error frecuente**
>
> Sobrescribir un método en la subclase sin llamar a super().metodo() cuando la lógica del padre es necesaria. Esto viola el Principio de Sustitución de Liskov.

## Patrones de diseño aplicados en Python

> **En producción**
>
> Para modelos de datos en APIs usa Pydantic (BaseModel): validación automática, serialización JSON, type hints. Para ORM usa SQLAlchemy con Mapped y mapped_column. Para dataclasses inmutables usa @dataclass(frozen=True) o pydantic.BaseModel. En código de dominio complejo, considera el patrón Repository para separar la lógica de negocio del acceso a datos.

> **Consejo profesional**
>
> El módulo dataclasses también ofrece fields() para inspeccionar los campos, asdict() y astuple() para convertir a dict/tupla, y replace() para crear una copia con algunos campos modificados (inmutable por naturaleza). Para clases muy simples con solo datos, considera también typing.NamedTuple: más ligero y con desempaquetado automático.

## Resumen: programación orientada a objetos

- POO organiza el código en clases (moldes) que producen objetos (instancias) con datos y comportamiento.
- Los cuatro pilares: encapsulamiento, abstracción, herencia y polimorfismo.
- @dataclass genera __init__, __repr__ y __eq__ automáticamente — elimina boilerplate.
- @property permite lógica de validación y cálculo transparente para el usuario de la clase.
- super() llama correctamente al método del padre, respetando el MRO en herencia múltiple.
- ABC y @abstractmethod definen contratos que las subclases deben implementar.
- Los atributos de clase son compartidos; los de instancia son únicos — no confundirlos.
- El polimorfismo permite que código genérico trabaje con objetos de tipos distintos.

## Ejercicios: clases y objetos

61. Implementa una jerarquía Vehiculo → Coche, Moto, Camión con método calcular_impuesto() polimórfico.
62. Crea @dataclass(frozen=True) para representar una coordenada geográfica (lat, lon) con método distancia().
63. Implementa el patrón Observer: una clase EventManager con subscribe(), unsubscribe() y emit().
64. Diseña una jerarquía de pagos: Pago → PagoTarjeta, PagoTransferencia, PagoCripto con método procesar().
65. Usa __slots__ en una clase y compara el uso de memoria con una clase normal para 100.000 instancias.
66. Implementa un descriptor personalizado que valide y convierta tipos al asignar un atributo.

# APIs con FastAPI

> *FastAPI es el framework más moderno para construir APIs en Python: tipado, asíncrono, con documentación automática y rendimiento comparable a Node.js y Go.*

## FastAPI y las APIs modernas en Python

FastAPI fue creado por Sebastián Ramírez (tiangolo) y publicado en diciembre de 2018. En pocos años se convirtió en el framework más popular para APIs Python, con más de 70.000 estrellas en GitHub y adopción masiva en empresas como Microsoft, Uber, Netflix y Explosion AI (creadores de spaCy). Su éxito no es accidental: resuelve problemas reales que los frameworks anteriores (Flask, Django REST Framework) no resolvían de forma satisfactoria.

El problema que resuelve FastAPI: en Flask o Django, para una sola ruta de API necesitas: validar los datos de entrada manualmente, convertir tipos, manejar errores de validación, serializar la respuesta, y documentar todo en un archivo Swagger separado que frecuentemente queda desactualizado. En FastAPI, todas estas tareas se derivan automáticamente de los type hints: defines los tipos de tus parámetros y modelos con Python estándar, y FastAPI hace el resto.

FastAPI se construye sobre dos pilares: Starlette (el framework ASGI subyacente que maneja HTTP, WebSockets, middleware y routing) y Pydantic (la biblioteca de validación de datos con type hints). Esta arquitectura modular significa que puedes usar Starlette directamente si necesitas más control, o extender

FastAPI con el enorme ecosistema de plugins de Pydantic.

El soporte asíncrono (async/await) es nativo en FastAPI. A diferencia de Flask (que usa threading para concurrencia) o Django (que tiene async desde la versión 3.1 pero con ciertas limitaciones), FastAPI fue diseñado desde cero para ser asíncrono. Un único proceso de FastAPI puede manejar miles de conexiones concurrentes para operaciones I/O-bound (peticiones a bases de datos, llamadas a APIs externas, lectura de archivos), porque mientras espera por I/O, puede procesar otras peticiones.

## ASGI, Pydantic y validación automática

FastAPI funciona sobre el estándar ASGI (Asynchronous Server Gateway Interface), la versión asíncrona del WSGI de Django/Flask. El servidor ASGI más usado con FastAPI es Uvicorn, aunque también se usa Hypercorn y Daphne.

El ciclo de vida de una petición HTTP en FastAPI: 1. Uvicorn recibe la petición TCP, parsea el protocolo HTTP/1.1 o HTTP/2, y crea un objeto scope ASGI. 2. FastAPI enruta la petición según el método HTTP y la URL path. 3. FastAPI analiza los type hints de los parámetros de la función de ruta para saber qué extraer: parámetros de ruta (del path de la URL), query parameters (del query string), headers, cookies, y el body (si hay). 4. Pydantic valida y convierte cada dato según el tipo declarado. Si algún dato no es válido, FastAPI devuelve automáticamente un 422 Unprocessable Entity con detalles de qué campo falló y por qué. 5. FastAPI resuelve el grafo de dependencias (Depends), ejecutando cada dependencia en el orden correcto. 6. FastAPI llama a la función de ruta con todos los parámetros resueltos.

7. La función devuelve un valor (dict, Pydantic model, Response object, o generador para streaming). 8. FastAPI serializa la respuesta a JSON usando jsonable_encoder y Pydantic, aplica el response_model para filtrar campos, y devuelve la respuesta HTTP.

Pydantic v2 (lanzado en 2023) usa un compilador escrito en Rust (pydantic-core) que lo hace 5-50x más rápido que Pydantic v1 para validación de datos. FastAPI 0.100+ usa Pydantic v2 por defecto.

El sistema de dependencias (Depends) de FastAPI implementa inyección de dependencias. Cuando declaras un parámetro como dep: TipoDependencia = Depends(funcion_dependencia), FastAPI llama a funcion_dependencia primero y pasa su resultado como dep a la función de ruta. Las dependencias pueden tener sub-dependencias, pueden ser generadores (yield) para gestión de recursos, y son resueltas una sola vez por petición (caching de dependencias).

> **Analogía**
>
> FastAPI es como el sistema de gestión de un aeropuerto moderno. Cuando un vuelo llega (petición HTTP), el sistema automáticamente: verifica los documentos de todos los pasajeros (Pydantic valida los datos), registra a cada pasajero según su tipo de visa (los type hints determinan cómo extraer y convertir los datos), distribuye a los pasajeros a sus salas correspondientes (el router dirige a la función correcta), y genera automáticamente toda la documentación requerida por las autoridades (Swagger UI). El personal del aeropuerto (el desarrollador) solo necesita definir las reglas (los type hints y los modelos Pydantic); el sistema hace todo lo demás automáticamente.

## Rutas, modelos de datos y parámetros

FastAPI combina decoradores de Python, type hints y Pydantic para definir APIs de forma declarativa.

| Elemento | Descripción y uso |
|---|---|
| `@app.get('/ruta')` | Endpoint GET — lectura de datos |
| `@app.post('/ruta')` | Endpoint POST — creación |
| `@app.put('/ruta/{id}')` | Endpoint PUT — actualización completa |
| `@app.patch('/ruta/{id}')` | Endpoint PATCH — actualización parcial |
| `@app.delete('/ruta/{id}')` | Endpoint DELETE — eliminación |
| `def f(id: int)` | Parámetro de ruta — extraído del path |
| `def f(q: str = None)` | Query parameter — extraído del query string |
| `def f(body: Modelo)` | Body — JSON validado por Pydantic |
| `def f(h: str = Header(None))` | Header HTTP |
| `Depends(funcion)` | Inyección de dependencias |
| `HTTPException(status, detail)` | Devolver error HTTP |
| `response_model=Modelo` | Esquema de respuesta (filtra campos) |

| | |
|---|---|
| `status_code=201` | Código HTTP de respuesta exitosa |
| `async def f(...)` | Función asíncrona — mejor para I/O |

## Construyendo una API REST completa

Python

```
from fastapi import FastAPI, HTTPException, Depends, Query, status

from pydantic import BaseModel, Field, field_validator

from typing import List, Optional, Annotated

from datetime import datetime


app = FastAPI(

    title='Sistema de Gestión de Tareas',

        description='API REST completa con validación y autenticación',

    version='2.0.0'

)


# Modelos Pydantic con validación avanzada

class TareaBase(BaseModel):

    titulo: str = Field(..., min_length=3, max_length=100)

    descripcion: Optional[str] = Field(None, max_length=500)

    prioridad: int = Field(default=1, ge=1, le=5)


    @field_validator('titulo')

    @classmethod
```

```
    def titulo_no_solo_espacios(cls, v: str) -> str:
        if v.strip() == '':
                raise ValueError('El título no puede ser solo
espacios')
        return v.strip()


class TareaCrear(TareaBase):
    pass


class TareaRespuesta(TareaBase):
    id: int
    completada: bool = False
    creada_en: datetime

    model_config = {'from_attributes': True}

# Base de datos simulada
db: dict[int, dict] = {}
contador = 0

# Dependencia reutilizable
def obtener_tarea_o_404(tarea_id: int) -> dict:
    if tarea_id not in db:
        raise HTTPException(
            status_code=status.HTTP_404_NOT_FOUND,
            detail=f'Tarea {tarea_id} no encontrada'
        )
    return db[tarea_id]
```

```
TareaExistente = Annotated[dict, Depends(obtener_tarea_o_404)]


@app.post('/tareas', response_model=TareaRespuesta,
          status_code=status.HTTP_201_CREATED,
          tags=['Tareas'])
async def crear_tarea(tarea: TareaCrear) -> dict:
    """Crea una nueva tarea con validación automática."""
    global contador
    contador += 1
    nueva = {
        'id': contador,
        'completada': False,
        'creada_en': datetime.utcnow(),
        **tarea.model_dump()
    }
    db[contador] = nueva
    return nueva


@app.get('/tareas/{tarea_id}', response_model=TareaRespuesta,
         tags=['Tareas'])
async def obtener_tarea(tarea: TareaExistente) -> dict:
    """Obtiene una tarea por ID."""
    return tarea


@app.get('/tareas', response_model=List[TareaRespuesta],
         tags=['Tareas'])
async def listar_tareas(
    completada: Optional[bool] = None,
    prioridad_min: int = Query(default=1, ge=1, le=5),
```

```
    skip: int = 0,
    limit: int = Query(default=10, le=100)
) -> List[dict]:
    """Lista tareas con filtros y paginación."""
    tareas = list(db.values())
    if completada is not None:
        tareas = [t for t in tareas if t['completada'] == completada]
    tareas = [t for t in tareas if t['prioridad'] >= prioridad_min]
    return tareas[skip:skip + limit]
```

**▶ Salida esperada**

```
POST /tareas → 201: {id:1, titulo:..., prioridad:1, completada:false, creada_en:...}
GET /tareas/1 → 200: {id:1, titulo:..., ...}
GET /tareas/99 → 404: {detail: 'Tarea 99 no encontrada'}
GET /tareas?completada=false&prioridad_min=3 → 200: [...]
```

## Inyección de dependencias y async explicados

@field_validator('titulo') define una validación personalizada para el campo titulo. Se ejecuta automáticamente cuando Pydantic valida los datos de entrada. Si lanza ValueError, FastAPI convierte el error a una respuesta 422 con el mensaje de error.

Annotated[dict, Depends(obtener_tarea_o_404)] es la forma moderna de declarar dependencias tipadas. Cuando FastAPI ve este tipo en la firma de una función, sabe que debe llamar a obtener_tarea_o_404 con tarea_id como argumento y pasar el resultado como tarea. Si obtener_tarea_o_404 lanza HTTPException, FastAPI devuelve el error automáticamente sin llegar a la función de ruta.

model_config = {'from_attributes': True} permite que Pydantic cree instancias del modelo desde objetos de ORM (SQLAlchemy, Tortoise) que tienen atributos en lugar de ser dicts. Es necesario para integración con bases de datos.

tags=['Tareas'] organiza los endpoints en grupos en la documentación Swagger UI. Facilita la navegación en APIs grandes.

async def en lugar de def es necesario cuando la función realiza operaciones I/O (llamadas a BD, APIs externas). Sin async, FastAPI corre la función en un thread pool para no bloquear el event loop.

### Middleware, eventos de ciclo de vida y base de datos con SQLAlchemy

Una API de producción necesita middleware para logging y CORS, gestión del ciclo de vida para inicializar recursos, y una base de datos real.

```python
from fastapi import FastAPI

from fastapi.middleware.cors import CORSMiddleware

from contextlib import asynccontextmanager

from sqlalchemy.ext.asyncio import AsyncSession, create_async_engine

from sqlalchemy.orm import DeclarativeBase, Mapped, mapped_column
```

```
# Ciclo de vida de la aplicación
@asynccontextmanager
async def lifespan(app: FastAPI):
    # Startup: inicializar recursos
    print('Iniciando aplicación...')
                                            engine        =
create_async_engine('sqlite+aiosqlite:///tareas.db')
    app.state.engine = engine
    async with engine.begin() as conn:
        await conn.run_sync(Base.metadata.create_all)
    yield  # la aplicación está corriendo
    # Shutdown: liberar recursos
    await engine.dispose()
    print('Aplicación terminada')

app = FastAPI(lifespan=lifespan)

# CORS — permitir peticiones desde el frontend
app.add_middleware(
    CORSMiddleware,
    allow_origins=['http://localhost:3000'],
    allow_methods=['*'],
    allow_headers=['*'],
)

# Modelo SQLAlchemy
class Base(DeclarativeBase): pass

class TareaDB(Base):
```

```
    __tablename__ = 'tareas'

    id: Mapped[int] = mapped_column(primary_key=True)

    titulo: Mapped[str] = mapped_column(nullable=False)

    completada: Mapped[bool] = mapped_column(default=False)


# Arrancar: uvicorn main:app --reload
```

▶ **Salida esperada**

```
Iniciando aplicación...

(API corriendo en http://localhost:8000)

(Documentación en http://localhost:8000/docs)
```

## Errores de validación y uso incorrecto de async

> ⚠ **Error frecuente**
>
> Olvidar instalar uvicorn: pip install 'fastapi[standard]'. FastAPI es el framework; uvicorn es el servidor ASGI que lo ejecuta.

> ⚠ **Error frecuente**
>
> Usar variables globales como base de datos en producción. No persisten entre reinicios, no escalan horizontalmente, y causan condiciones de carrera en concurrencia.

> ⚠ **Error frecuente**
>
> No definir response_model en los endpoints. Sin él,

FastAPI serializa todo el objeto retornado, incluyendo potencialmente campos sensibles como contraseñas.

> ⚠ **Error frecuente**
>
> Usar def en lugar de async def para funciones que llaman a operaciones I/O (BD, APIs externas). Bloqueará el event loop y eliminará los beneficios del async.

## Middleware, CORS y ciclo de vida en producción

> **En producción**
>
> Stack de producción recomendado: FastAPI + Uvicorn + Gunicorn (múltiples workers) + Nginx (reverse proxy y SSL). Base de datos: PostgreSQL + asyncpg + SQLAlchemy async. Autenticación: JWT con python-jose o python-jwt. Caché: Redis con aioredis. Testing: pytest + httpx.AsyncClient + pytest-asyncio. Containerización: Docker + Docker Compose. CI/CD: GitHub Actions con tests y despliegue automático.

> **Consejo profesional**
>
> La documentación interactiva en /docs (Swagger UI) es generada automáticamente y siempre está sincronizada con el código. En /openapi.json tienes el esquema OpenAPI 3.0 que puedes importar en Postman, usar para generar clientes en otros lenguajes, o publicar en plataformas de APIs. Esto elimina completamente la necesidad de mantener documentación de API por separado.

## Resumen: APIs con FastAPI

- FastAPI usa type hints + Pydantic para validación automática y documentación generada.
- Construido sobre Starlette (ASGI) y Pydantic v2 — rápido y moderno.
- Los decoradores @app.get/post/put/delete definen rutas HTTP con tipos y validación.
- Depends() implementa inyección de dependencias reutilizable para auth, BD, etc.
- async def es necesario para operaciones I/O para no bloquear el event loop.
- response_model filtra campos sensibles y documenta el esquema de respuesta.
- lifespan maneja el ciclo de vida para inicializar y liberar recursos de la app.
- La documentación Swagger en /docs se genera automáticamente y siempre está actualizada.

## Ejercicios: FastAPI

67. Implementa autenticación JWT completa: registro, login (devuelve token), y endpoints protegidos.
68. Conecta la API a PostgreSQL usando SQLAlchemy async y Alembic para migraciones.
69. Implementa rate limiting con un middleware que limite a 100 peticiones por minuto por IP.
70. Escribe tests de integración completos con pytest y httpx.AsyncClient para todos los endpoints.
71. Agrega WebSocket support para notificaciones en tiempo real cuando una tarea cambia de estado.
72. Dockeriza la aplicación con docker-compose que incluya FastAPI, PostgreSQL y Redis.

# NumPy — Computación Numérica de Alto Rendimiento

> *NumPy es la biblioteca fundamental para computación científica en Python. Sus arrays multidimensionales son hasta 100x más rápidos que las listas de Python.*

## NumPy: por qué es 100x más rápido que las listas

NumPy (Numerical Python) fue creado por Travis Oliphant en 2005, unificando dos proyectos anteriores: Numeric y Numarray. Es la biblioteca más importante del ecosistema científico de Python: sin NumPy no existirían Pandas, Scikit-learn, TensorFlow, PyTorch ni SciPy. Es la capa de computación numérica sobre la que se construye todo.

La diferencia fundamental entre una lista Python y un array NumPy es que la lista es una colección heterogénea de objetos Python (cada elemento es un puntero a un objeto con su propio overhead de memoria), mientras que un array NumPy es un bloque contiguo de memoria con elementos del mismo tipo C nativo (int32, float64, etc.). Esto tiene dos consecuencias: el array ocupa 8-10x menos memoria, y las operaciones son 50-100x más rápidas porque se ejecutan en C compilado con BLAS/LAPACK optimizados.

NumPy introdujo el concepto de "vectorización": en lugar de escribir un bucle Python para procesar cada elemento, expresas la operación sobre el array completo y NumPy ejecuta el bucle internamente en C. resultado = array * 2 + 1 es equivalente a un bucle for pero 50x más rápido.

Este paradigma es fundamental para el machine learning y la ciencia de datos.

NumPy también define el protocolo de array de Python (el "array protocol" o buffer protocol), que permite a otras bibliotecas como OpenCV, PIL/Pillow, PyTorch y TensorFlow intercambiar datos en memoria sin copias. Un tensor de PyTorch puede verse como un array NumPy y viceversa, sin mover datos.

## ndarrays, memoria contigua y strides

Un array NumPy (ndarray) internamente es una estructura con cinco componentes: un puntero al buffer de datos (el bloque contiguo de memoria con los valores), el dtype (tipo de dato de los elementos: float64, int32, complex128, etc.), la forma/shape (una tupla con las dimensiones: (3,) para 1D, (3,4) para 2D, (2,3,4) para 3D), los strides (cuántos bytes saltar en cada dimensión para llegar al siguiente elemento), y las flags (si el array es C-contiguo, Fortran-contiguo, si es de solo lectura, etc.).

Los strides son el mecanismo que hace que las vistas (views) sean posibles sin copiar datos. Una vista es un nuevo ndarray que apunta al mismo buffer de datos pero con diferente shape, strides o dtype. array.T (transposición) no copia datos: solo intercambia los strides. array.reshape((3,4)) tampoco copia si el array es C-contiguo. Esto hace que las operaciones geométricas sean extremadamente eficientes.

El broadcasting es el mecanismo que permite operaciones entre arrays de formas compatibles. NumPy expande implícitamente las dimensiones más pequeñas para que coincidan con las más grandes. La regla: se comparan las formas elemento a elemento desde la derecha; una dimensión es compatible si es igual o si una de ellas es 1 (se expande). array(3,4) + array(4,) funciona porque (4,) se expande a (1,4) y luego a (3,4).

Las UFuncs (Universal Functions) son funciones que operan elemento a elemento sobre arrays con capacidades de broadcasting: np.sin(), np.exp(), np.log(), np.add(), etc. Están implementadas en C y son el corazón de la vectorización en NumPy.

> 🧠 **Analogía**
>
> NumPy es como pasar de calcular a mano (listas Python, un elemento a la vez) a tener una calculadora científica matricial que hace miles de operaciones simultáneamente. Cuando un chef prepara 100 filetes, no los cocina uno por uno: los pone todos en la plancha al mismo tiempo. NumPy hace lo mismo: en lugar de procesar números en un bucle Python (uno a la vez), los procesa todos juntos en C (todos a la vez en la plancha). El broadcasting es como tener una salsa concentrada: en lugar de hacer una salsa diferente para cada filete (iterar explícitamente), haces una sola salsa (el array de dimensión 1) y NumPy la "diluye" automáticamente para que cubra todos los filetes (la expande para que coincida con la forma del array grande).

## Creación de arrays, dtypes y broadcasting

NumPy tiene una API rica pero coherente. Las operaciones más importantes son la creación de arrays, la indexación avanzada, las operaciones matemáticas vectorizadas y el álgebra lineal.

| Operación | Descripción y |
| --- | --- |

| | complejidad |
|---|---|
| `np.array([1,2,3], dtype=np.float64)` | Crear array desde lista con dtype específico |
| `np.zeros((m,n))` / `np.ones((m,n))` | Arrays de ceros/unos con forma (m,n) |
| `np.arange(start, stop, step)` | Array de valores equiespaciados (como range) |
| `np.linspace(start, stop, n)` | n valores equiespaciados entre start y stop |
| `np.random.randn(m,n)` | Array m×n de valores de distribución normal |
| `arr.shape` / `arr.dtype` / `arr.ndim` | Propiedades: forma, tipo, número de dimensiones |
| `arr.reshape((m,n))` | Nueva vista con forma diferente (sin copiar) |
| `arr[1:3, ::2]` | Slicing multidimensional: filas 1-2, columnas pares |
| `arr[arr > 0]` | Indexación booleana: elementos que cumplen condición |
| `np.dot(A, B)` / `A @ B` | Multiplicación matricial $O(n^3)$ |
| `np.linalg.inv(A)` | Inversa de una matriz cuadrada |
| `np.sum(arr, axis=0)` | Suma a lo largo de un eje (0=filas, 1=columnas) |

## Operando con arrays multidimensionales

Python

```python
import numpy as np

# Crear arrays — el dtype determina precisión y memoria
a = np.array([1, 2, 3, 4, 5], dtype=np.float64)
matriz = np.array([[1, 2, 3],
                   [4, 5, 6],
                   [7, 8, 9]], dtype=np.int32)

print(f'Shape: {matriz.shape}')   # (3, 3)
print(f'Dtype: {matriz.dtype}')   # int32
print(f'Ndim:  {matriz.ndim}')    # 2
print(f'Size:  {matriz.size}')    # 9 elementos

# Vectorización: operaciones sin bucles Python
datos = np.random.randn(1_000_000)   # 1M valores normales
resultado = np.sqrt(np.abs(datos)) * 2 + 1  # vectorizado
print(f'Media: {resultado.mean():.4f}')

# Broadcasting — sumar vector a cada fila de matriz
M = np.ones((4, 3))     # 4x3 de unos
v = np.array([10, 20, 30])  # vector de 3 elementos
R = M + v               # (4,3) + (3,) → (4,3) sin copiar v
print(R)

# Indexación booleana y avanzada
arr = np.arange(10)
```

```
print(arr[arr % 2 == 0])          # [0 2 4 6 8]

print(arr[[0, 3, 7]])             # [0 3 7] — fancy indexing

arr[arr < 5] = -1                 # asignación condicional

print(arr)                        # [-1 -1 -1 -1 -1  5  6  7  8  9]
```

▶ **Salida esperada**

```
Shape: (3, 3)

Dtype: int32

Ndim:  2

Size:  9 elementos

Media: 1.5966

[[11. 21. 31.] [11. 21. 31.] [11. 21. 31.] [11. 21. 31.]]

[0 2 4 6 8]

[0 3 7]

[-1 -1 -1 -1 -1  5  6  7  8  9]
```

## Vectorización y broadcasting explicados

El dtype float64 usa 8 bytes por elemento (precisión doble). int32 usa 4 bytes. Para 1 millón de elementos: float64 = 8MB, int32 = 4MB, vs una lista Python que usaría ~56MB (8 bytes por puntero + overhead de cada objeto int).

La operación np.sqrt(np.abs(datos)) * 2 + 1 sobre 1 millón de elementos se ejecuta en C sin bucle Python visible. NumPy aplica cada ufunc en C sobre el array completo. En un benchmark real, esto es 50-100x más rápido que un bucle for equivalente en Python puro.

Broadcasting M + v: NumPy ve (4,3) + (3,). Expande v de (3,) a (1,3) y luego a (4,3) conceptualmente (sin copiar datos en memoria). El resultado es una nueva matriz (4,3) donde cada fila de M tiene sumado v.

La indexación booleana arr[arr % 2 == 0] funciona en dos pasos: arr % 2 == 0 crea un array booleano [True, False, True, ...], y luego arr[bool_array] devuelve solo los elementos donde el bool es True. La asignación arr[arr < 5] = -1 modifica in-place solo los elementos que cumplen la condición.

### Álgebra lineal y operaciones estadísticas

NumPy incluye np.linalg para álgebra lineal completa: inversas, determinantes, valores propios, descomposición QR, SVD. Estas operaciones usan LAPACK/BLAS internamente para máxima eficiencia.

```
Python
import numpy as np

# Álgebra lineal — sistema de ecuaciones Ax = b
A = np.array([[2, 1, -1],
              [-3, -1, 2],
              [-2, 1, 2]], dtype=float)
b = np.array([8, -11, -3], dtype=float)

x = np.linalg.solve(A, b)  # más estable que inv(A) @ b
print(f'Solución: {x}')           # [2. 3. -1.]
print(f'Verificación Ax: {A @ x}') # [8. -11. -3.]

# Descomposición SVD — base del PCA
M = np.random.randn(100, 5)
```

```
U, S, Vt = np.linalg.svd(M, full_matrices=False)

print(f'U:{U.shape}, S:{S.shape}, Vt:{Vt.shape}')



# Estadísticas a lo largo de ejes

datos = np.random.randn(1000, 4)  # 1000 muestras, 4 features

print(f'Media                    por                    feature:
{datos.mean(axis=0).round(3)}')

print(f'Std por feature:        {datos.std(axis=0).round(3)}')

print(f'Percentil  95  global:          {np.percentile(datos,
95):.3f}')



# Operaciones de conjunto y búsqueda

arr = np.array([3,1,4,1,5,9,2,6,5,3,5])

print(f'Únicos: {np.unique(arr)}')

print(f'Índice del máximo: {np.argmax(arr)}')

print(f'Ordenado: {np.sort(arr)}')
```

▶ **Salida esperada**

```
Solución: [ 2.  3. -1.]

Verificación Ax: [  8. -11.  -3.]

U:(100, 5), S:(5,), Vt:(5, 5)

Media por feature: (cerca de 0)

Std por feature: (cerca de 1)

Percentil 95 global: 1.645

Únicos: [1 2 3 4 5 6 9]

Índice del máximo: 5

Ordenado: [1 1 2 3 3 4 5 5 5 6 9]
```

## Vistas frente a copias y desbordamiento de dtype

> ⚠ **Error frecuente**
>
> ValueError: operands could not be broadcast together — formas incompatibles. Revisa arr.shape de ambos arrays antes de operar. Las dimensiones deben ser iguales o una debe ser 1.

> ⚠ **Error frecuente**
>
> Modificar una vista creyendo que no afecta el original. arr2 = arr.reshape(3,3) es una vista: modificar arr2 modifica arr. Usa arr.copy() si necesitas independencia.

> ⚠ **Error frecuente**
>
> Usar Python loops sobre arrays NumPy. for x in arr: resultado.append(x*2) es 50-100x más lento que arr * 2. Siempre busca la operación vectorizada equivalente.

> ⚠ **Error frecuente**
>
> Overflow silencioso con dtype int8/int16. np.array([200], dtype=np.int8) * 2 da -56 sin warning. Usa int32 o int64 para valores que puedan crecer.

## Álgebra lineal y rendimiento en producción

> **En producción**
>
> NumPy es la capa de datos universal en ML/data

> science. En pipelines de producción: usa dtype explícito siempre (float32 para ML — usa la mitad de memoria que float64), usa np.ascontiguousarray() antes de pasar arrays a C extensions, usa np.memmap() para arrays más grandes que la RAM (mapeo de archivo a memoria), y perfiliza con %timeit en Jupyter para verificar que usas las versiones vectorizadas más rápidas.

> **Consejo profesional**
>
> La función np.einsum() implementa la notación de Einstein para operaciones tensoriales. np.einsum('ij,jk->ik', A, B) es multiplicación matricial; np.einsum('ii', A) es la traza; np.einsum('ij->i', A) es suma por filas. Es más legible que combinaciones de dot/transpose para operaciones complejas y frecuentemente más rápida.

## Resumen: NumPy

- NumPy arrays son bloques contiguos de memoria C-typed: 8-10x menos memoria que listas Python.
- La vectorización reemplaza bucles Python por operaciones C: 50-100x más rápido.
- Broadcasting expande dimensiones de tamaño 1 implícitamente para hacer operaciones compatibles.
- Las vistas (reshape, T, slicing) comparten datos con el original sin copiar memoria.
- La indexación booleana permite filtrar y asignar a subconjuntos del array.
- np.linalg provee álgebra lineal completa: solve, inv, det, svd, eig, qr.
- Las UFuncs (sin, exp, log, sqrt) operan elemento a elemento de forma vectorizada.
- Siempre especifica dtype explícito para controlar precisión y uso de memoria.

## Ejercicios: arrays y vectorización

73. Compara con timeit el tiempo de calcular la suma de cuadrados de 1M números con lista Python vs NumPy array.
74. Implementa normalización z-score (restar media, dividir por std) para una matriz de 1000x10 sin bucles.
75. Usa broadcasting para calcular la distancia euclidiana entre todos los pares de 100 puntos en 3D.
76. Implementa multiplicación de matrices manualmente con loops y compara con np.dot() en tiempo.
77. Carga una imagen con PIL, conviértela a NumPy array, aplica filtros (invertir, escala de grises) y guárdala.
78. Implementa el algoritmo de regresión lineal (mínimos cuadrados) usando solo NumPy: beta = (X^T X)^-1 X^T y.

# Pandas — Análisis y Manipulación de Datos

> *Pandas es la biblioteca de análisis de datos más usada en Python. Su DataFrame es la estructura de datos central del ecosistema de ciencia de datos.*

## Pandas: el DataFrame como estructura central

Pandas fue creado por Wes McKinney en 2008 mientras trabajaba en AQR Capital Management, una firma de inversión cuantitativa. Necesitaba una herramienta para analizar datos financieros en Python que fuera tan poderosa como R pero integrada con el ecosistema Python. El nombre proviene de "Panel Data", un término econométrico para datos multidimensionales.

El DataFrame de Pandas es la estructura de datos más importante del ecosistema de ciencia de datos Python. Es conceptualmente una tabla bidimensional con filas y columnas etiquetadas, similar a una hoja de cálculo Excel o una tabla SQL, pero con capacidades de análisis mucho más potentes y programables. Cada columna es una Serie de Pandas, que es esencialmente un array NumPy con un índice etiquetado.

Pandas resuelve el problema más difícil en ciencia de datos: los datos del mundo real son sucios. Tienen valores faltantes (NaN), tipos inconsistentes, fechas en formatos diferentes, duplicados, outliers, y estructuras irregulares. Pandas proporciona un rico conjunto de herramientas para limpiar, transformar y analizar estos datos de forma programática y reproducible.

Pandas trabaja con múltiples formatos de datos: CSV, Excel, JSON, Parquet, SQL, HDF5, Feather, y más. Puede leer un CSV de 1GB, filtrarlo, hacer agregaciones por grupos, y guardarlo en un formato diferente con unas pocas líneas de código. Para datos que no caben en RAM, existe Dask (interfaz Pandas sobre computación distribuida) y Polars (reimplementación en Rust extremadamente rápida).

## Series, índices y su base en NumPy

Internamente, un DataFrame de Pandas es un dict de Series (columnas), donde cada Serie es un ndarray NumPy con un índice. El índice puede ser numérico (0,1,2,...), strings, fechas (DatetimeIndex), o cualquier tipo hashable.

Las operaciones de Pandas que parecen simples a veces tienen complejidad sorprendente. df.merge() (equivalente a SQL JOIN) usa hash joins internamente, igual que los dicts de Python. df.groupby() usa un split-apply-combine pattern: divide el DataFrame según los valores de las claves, aplica una función a cada grupo, y combina los resultados.

Pandas tiene un sistema de tipos propio que extiende los de NumPy: object (strings y tipos heterogéneos), category (similar a enum, eficiente para columnas con pocos valores únicos), Sparse (para datos dispersos), y desde Pandas 1.0, tipos "nullable" como Int64 (con mayúscula, que soporta NaN a diferencia de int64 de NumPy).

La diferencia entre .loc[] (localización por etiqueta) y .iloc[] (localización por posición entera) es fundamental. df.loc['2024-01-01':'2024-12-31'] selecciona por etiqueta de índice (inclusivo en ambos extremos). df.iloc[0:10] selecciona por posición (exclusivo el final, como Python). Usar uno cuando necesitas el otro es un bug silencioso frecuente.

> 🧠 **Analogía**
>
> Un DataFrame de Pandas es como una hoja de cálculo Excel con superpoderes de programación. Excel te da filas y columnas con nombres, puede hacer sumas, filtros y tablas dinámicas. Pandas hace todo eso y además: procesa millones de filas en segundos, aplica funciones Python arbitrarias a cada celda o grupo de celdas, lee y escribe decenas de formatos, y todo el proceso queda documentado en código reproducible que cualquiera puede ejecutar. GroupBy es como la tabla dinámica de Excel: "agrupa las ventas por región y calcula el total". Pero mientras Excel te da una interfaz visual, GroupBy te da la lógica en código que puedes automatizar, versionar y reutilizar.

## loc, iloc, filtrado y selección de datos

Pandas tiene una API extensa. Las operaciones más importantes son selección, filtrado, agrupación, merge y manejo de datos faltantes.

| Operación | Descripción |
| --- | --- |
| `pd.read_csv('archivo.csv')` | Leer CSV → DataFrame |
| `df.head(n) / df.tail(n)` | Primeras/últimas n filas |
| `df.info() / df.describe()` | Info de tipos / estadísticas descriptivas |
| `df['col'] / df[['c1','c2']]` | Seleccionar columna / múltiples columnas |

| | |
|---|---|
| `df.loc[filas, cols]` | Selección por etiqueta (inclusivo) |
| `df.iloc[filas, cols]` | Selección por posición (exclusivo fin) |
| `df[df['col'] > valor]` | Filtrado booleano |
| `df.groupby('col').agg(func)` | Agrupar y agregar |
| `pd.merge(df1, df2, on='key')` | JOIN entre DataFrames |
| `df.pivot_table(values, index, columns)` | Tabla dinámica |
| `df.fillna(valor) / df.dropna()` | Rellenar / eliminar NaN |
| `df.apply(func, axis=0/1)` | Aplicar función a filas o columnas |

## Cargando, limpiando y transformando datos

```python
import pandas as pd
import numpy as np

# Crear DataFrame desde diccionario
ventas = pd.DataFrame({
    'fecha':    pd.date_range('2024-01-01', periods=6, freq='MS'),
    'producto': ['A','B','A','C','B','A'],
    'region':   ['Norte','Sur','Norte','Sur','Norte','Sur'],
    'monto':    [1500, 2300, 1800, 900, 2100, 1600],
    'unidades': [10, 15, 12, 6, 14, 11],
```

```
})

# Exploración inicial
print(ventas.dtypes)
print(ventas.describe())

# Filtrado y selección
norte = ventas[ventas['region'] == 'Norte']
print(f'Ventas Norte: {norte["monto"].sum():,}')

# GroupBy — split-apply-combine
resumen = ventas.groupby('producto').agg(
    total_monto=('monto', 'sum'),
    total_unidades=('unidades', 'sum'),
    promedio_monto=('monto', 'mean'),
    num_ventas=('monto', 'count')
).reset_index()
print(resumen)

# Nueva columna calculada
ventas['precio_unitario'] = ventas['monto'] / ventas['unidades']
ventas['mes'] = ventas['fecha'].dt.month
print(ventas[['producto','precio_unitario','mes']].head(3))
```

▶ **Salida esperada**

```
fecha       datetime64[ns]
producto    object
```

```
region       object
monto         int64
unidades      int64
dtype: object
(estadísticas descriptivas de monto y unidades)
Ventas Norte: 5,400
(tabla resumen por producto con totales)
(DataFrame con precio_unitario y mes)
```

## Split-apply-combine con groupby explicado

pd.date_range() crea un índice de fechas. 'MS' significa "Month Start" — el primer día de cada mes. Pandas tiene un sistema de frecuencias para series temporales: 'D' (diario), 'W' (semanal), 'M' (fin de mes), 'Q' (trimestral), 'Y' (anual).

df.groupby('producto').agg() usa la sintaxis de "named aggregations" (Pandas 0.25+): cada columna del resultado se define como (columna_fuente, función). Las funciones pueden ser strings ('sum', 'mean', 'count', 'std', 'min', 'max') o funciones Python arbitrarias.

ventas['fecha'].dt.month accede al "accessor" dt (datetime) que expone propiedades de fecha: .year, .month, .day, .hour, .dayofweek, .quarter, .is_month_end, etc. De forma similar, .str es el accessor para operaciones de string sobre columnas de texto: df['nombre'].str.upper(), df['email'].str.contains('@').

La creación de columnas calculadas (ventas['precio_unitario'] = ...) es O(n) y muy eficiente porque opera sobre arrays NumPy internamente. Es la forma vectorizada de agregar columnas derivadas.

### Limpieza de datos, merge y tablas dinámicas

El 80% del tiempo en ciencia de datos se pasa limpiando datos. Pandas tiene herramientas especializadas para los problemas más comunes.

```python
import pandas as pd

import numpy as np


# Datos sucios — el mundo real

df = pd.DataFrame({

    'nombre': ['Ana', 'Bruno', None, 'Ana', 'Carlos'],

    'edad':   [25, None, 30, 25, 200],     # 200 es outlier

       'salario': ['$45,000', '$52k', '$48,000', '$45,000', '$61,000'],

        'ciudad': ['Madrid', 'madrid', 'MADRID', 'Madrid', 'Barcelona'],

})


# Limpieza

df['ciudad'] = df['ciudad'].str.title()           # normalizar

df['salario'] = df['salario'].str.replace(r'[$,k]','',regex=True)

df['salario'] = pd.to_numeric(df['salario'], errors='coerce')

df['salario'] = df['salario'].apply(lambda x: x*1000 if x < 1000 else x)

df['edad'] = df['edad'].where(df['edad'] <= 120)  # outlier → NaN

df = df.dropna(subset=['nombre'])              # eliminar fila sin nombre
```

```
df = df.drop_duplicates()                              # eliminar
duplicados exactos

df['edad'] = df['edad'].fillna(df['edad'].median())

print(df)


# Pivot table — resumen bidimensional

ventas = pd.DataFrame({'region':['N','N','S','S'],'prod':
['A','B','A','B'],'monto':[100,200,150,250]})

tabla = pd.pivot_table(ventas, values='monto', index='region',

                       columns='prod', aggfunc='sum', fill_value=0)

print(tabla)
```

▶ **Salida esperada**

```
(DataFrame limpio sin duplicados, outliers corregidos, tipos
correctos)

prod     A    B

region

N      100  200

S      150  250
```

## Valores NaN, índices duplicados y encadenamiento

> ⚠ **Error frecuente**
>
> SettingWithCopyWarning al modificar un slice: df[df.edad > 18]['salario'] = 50000 puede no modificar el original. Usa df.loc[df.edad > 18, 'salario'] = 50000 para asignación correcta.

> ⚠ **Error frecuente**

> Confundir .loc[] y .iloc[]. Si el índice es numérico, df.loc[0:5] incluye el 5 (etiqueta); df.iloc[0:5] excluye el 5 (posición). Son distintos cuando el índice no empieza en 0.

> ⚠ **Error frecuente**
>
> apply() en loop Python sobre millones de filas es lento. Usa operaciones vectorizadas o np.where() cuando sea posible. apply() es para funciones que no tienen equivalente vectorizado.

> ⚠ **Error frecuente**
>
> NaN no es igual a NaN en Python: df[df['col'] == None] nunca funciona. Usa df['col'].isna() o df['col'].notna() para detectar valores faltantes.

## Pipelines de datos y tablas dinámicas

> **En producción**
>
> En pipelines de datos de producción, usa Pandas con: chunking para archivos grandes (pd.read_csv(..., chunksize=10000)), Parquet como formato de almacenamiento (10x más rápido que CSV, tipado, comprimido), category dtype para columnas de cardinalidad baja (ahorra 80% de memoria), y Polars o DuckDB como alternativas cuando el rendimiento sea crítico. Para DataFrames que no caben en RAM, usa Dask o Spark.

> **Consejo profesional**
>
> El método df.query() permite filtrar con una sintaxis SQL-like más legible: df.query('edad > 18 and ciudad == "Madrid"') en lugar de df[(df.edad > 18) & (df.ciudad == 'Madrid')]. Para strings, usa @variable para referenciar variables Python dentro del query: df.query('ciudad == @ciudad_filtro').

## Resumen: Pandas

- El DataFrame es una tabla bidimensional con filas y columnas etiquetadas, respaldada por arrays NumPy.
- loc[] selecciona por etiqueta (inclusivo); iloc[] por posición entera (exclusivo en el fin).
- groupby().agg() implementa split-apply-combine para agregaciones por grupos.
- Los accessors .str y .dt exponen operaciones especializadas para texto y fechas.
- Usa .loc[] para asignación condicional, no indexación encadenada (evita SettingWithCopyWarning).
- NaN debe detectarse con .isna() / .notna(), no con == None o == np.nan.
- Parquet es el formato de almacenamiento ideal para DataFrames en producción.
- category dtype reduce drásticamente el uso de memoria en columnas de cardinalidad baja.

## Ejercicios: análisis de datos

79. Carga el dataset Titanic (CSV), calcula la tasa de supervivencia por clase, sexo y edad (agrupando en décadas).
80. Implementa un pipeline de limpieza completo: detectar y manejar NaN, outliers (IQR), duplicados y tipos incorrectos.
81. Une dos DataFrames con merge() para simular un JOIN SQL y filtra solo los registros que aparecen en ambos.

82. Crea una tabla dinámica de ventas mensuales por categoría y región, con totales por fila y columna.
83. Compara el tiempo de lectura y tamaño en disco entre CSV y Parquet para un DataFrame de 1M filas.
84. Implementa un análisis de series temporales: resample() por mes, rolling mean de 7 días, y detección de tendencia.

# SQLAlchemy — ORM y Acceso a Bases de Datos

> *SQLAlchemy es el ORM más potente del ecosistema Python. Abstrae el acceso a bases de datos con un modelo Python manteniendo el control total del SQL generado.*

## SQLAlchemy: Core y ORM en un mismo motor

SQLAlchemy fue creado por Mike Bayer en 2006 y es considerado uno de los mejores diseños de ORM en cualquier lenguaje de programación. A diferencia de ORMs "magic" como ActiveRecord de Rails que ocultan completamente el SQL, SQLAlchemy sigue la filosofía de "abstracción sin pérdida": puedes usar el ORM de alto nivel cuando sea conveniente, pero siempre tienes acceso total al SQL subyacente cuando lo necesitas.

SQLAlchemy tiene dos capas principales. El Core es una capa de abstracción SQL que te permite construir y ejecutar queries SQL de forma programática usando Python, con independencia del motor de base de datos (SQLite, PostgreSQL, MySQL, Oracle, MSSQL). El ORM (Object Relational Mapper) está construido sobre el Core y te permite mapear clases Python a tablas de base de datos, tratar los registros como objetos Python, y que SQLAlchemy genere el SQL por ti.

SQLAlchemy 2.0 (lanzado en 2023) representa una reescritura significativa con soporte nativo async/await, type hints completos, y una API más explícita y consistente. La sintaxis Mapped[] y mapped_column() de SQLAlchemy 2.0 son la forma moderna de definir modelos, compatible con mypy y otros type checkers.

En el ecosistema FastAPI, SQLAlchemy es la opción estándar para acceso a bases de datos. La integración se hace mediante el sistema de dependencias de FastAPI (Depends) que gestiona el ciclo de vida de las sesiones de base de datos automáticamente.

## Sesión, Unit of Work e identity map

SQLAlchemy gestiona el acceso a bases de datos a través de tres abstracciones clave:

El Engine es la fábrica de conexiones. Mantiene un pool de conexiones (connection pool) que reutiliza las conexiones TCP a la base de datos en lugar de crear una nueva por cada operación. Por defecto usa QueuePool con 5 conexiones. La conexión al motor es lazy: no se conecta hasta que se necesita.

La Session (o AsyncSession para async) es la unidad de trabajo (Unit of Work). Mantiene un "identity map" (caché de objetos cargados) que garantiza que en una sesión, el mismo registro de BD siempre devuelve el mismo objeto Python. Hace tracking de cambios (dirty tracking): sabe qué objetos han cambiado y solo genera UPDATE para esos. Cuando llamas a session.commit(), ejecuta todos los cambios pendientes en una transacción atómica.

El Query / Select es cómo construyes queries. SQLAlchemy traduce expresiones Python a SQL dialecto-específico. select(User).where(User.edad > 18) se convierte a SELECT * FROM users WHERE edad > 18, pero el SQL exacto puede variar según el motor (PostgreSQL, SQLite, MySQL).

Las relaciones (relationship()) implementan el patrón de carga perezosa (lazy loading) por defecto: al acceder a usuario.pedidos, SQLAlchemy hace una query SQL automáticamente. Esto puede causar el problema N+1 queries: si cargas 100 usuarios y accedes a sus pedidos en un bucle, haces 101 queries. La solución es eager loading con selectinload() o joinedload() en la query original.

> 🧠 **Analogía**
>
> SQLAlchemy es como un traductor simultáneo entre dos idiomas: Python y SQL. Tú hablas en Python (objetos, atributos, métodos), y el traductor convierte instantáneamente tus palabras al SQL correcto para la base de datos que estés usando, con el acento dialectal correcto (SQLite, PostgreSQL, MySQL). La Session es como un bloc de notas de la reunión: anota todos los cambios que haces (nuevos registros, modificaciones, eliminaciones) y al final de la reunión (commit) los aplica todos a la vez de forma atómica. Si algo sale mal antes del commit, puedes hacer rollback y empezar de nuevo como si nada hubiera pasado.

## Modelos declarativos con Mapped y mapped_column

SQLAlchemy 2.0 usa type hints nativos para definir modelos. La interfaz async es idéntica a la sync excepto por las keywords async/await.

| Elemento | Descripción |
|---|---|
| `create_async_engine(url)` | Crear engine con pool de conexiones async |
| `class Base(DeclarativeBase)` | Clase base para todos los modelos ORM |

| | |
|---|---|
| `Mapped[int] = mapped_column(primary_key=True)` | Columna tipada con type hint |
| `relationship('Modelo', back_populates='x')` | Relación entre tablas |
| `async with AsyncSession(engine) as session` | Context manager para sesión |
| `session.add(obj)` | Agregar objeto para INSERT en próximo commit |
| `await session.commit()` | Ejecutar todos los cambios pendientes |
| `await session.refresh(obj)` | Recargar objeto desde la BD |
| `select(Modelo).where(cond)` | Query SELECT con condición |
| `await session.execute(stmt)` | Ejecutar query y devolver resultado |
| `selectinload(Modelo.relacion)` | Eager loading: evitar N+1 queries |
| `text('SQL raw aquí')` | Ejecutar SQL literal cuando se necesita |

## Definiendo modelos y consultando datos

Python

```
from sqlalchemy.ext.asyncio import create_async_engine, AsyncSession

from sqlalchemy.orm import DeclarativeBase, Mapped, mapped_column, relationship

from sqlalchemy import String, Integer, Float, ForeignKey,
```

```
select
from typing import Optional, List
from datetime import datetime

# Engine con pool de conexiones
engine = create_async_engine(
    'postgresql+asyncpg://user:pass@localhost/db',
    pool_size=10,
    max_overflow=20,
    echo=False,   # True para ver el SQL generado
)

class Base(DeclarativeBase):
    pass

class Usuario(Base):
    __tablename__ = 'usuarios'

        id:           Mapped[int]                          =
mapped_column(primary_key=True)
    nombre: Mapped[str]           = mapped_column(String(100))
    email:  Mapped[str]           = mapped_column(String(200),
unique=True)
    activo: Mapped[bool]          = mapped_column(default=True)
                    pedidos:     Mapped[List['Pedido']]     =
relationship(back_populates='usuario')

class Pedido(Base):
    __tablename__ = 'pedidos'
```

```
    id:                  Mapped[int]                  =
mapped_column(primary_key=True)

    usuario_id:    Mapped[int]                        =
mapped_column(ForeignKey('usuarios.id'))

    total:       Mapped[float]        = mapped_column(Float)

    creado_en:       Mapped[datetime]                 =
mapped_column(default=datetime.utcnow)

    usuario:             Mapped['Usuario']            =
relationship(back_populates='pedidos')


# Crear tablas

async def init_db():

    async with engine.begin() as conn:

        await conn.run_sync(Base.metadata.create_all)


# CRUD operations

async def crear_usuario(session: AsyncSession, nombre: str,
email: str) -> Usuario:

    usuario = Usuario(nombre=nombre, email=email)

    session.add(usuario)

    await session.commit()

    await session.refresh(usuario)  # cargar id generado por BD

    return usuario


async def obtener_usuarios_con_pedidos(session: AsyncSession)
-> list[Usuario]:

    stmt = (select(Usuario)

            .where(Usuario.activo == True)

            .options(selectinload(Usuario.pedidos))  # evitar N+1

            .order_by(Usuario.nombre))

    result = await session.execute(stmt)

    return result.scalars().all()
```

[redacted]

▶ **Salida esperada**

```
# SQL generado por SQLAlchemy (con echo=True):

CREATE TABLE usuarios (id SERIAL PRIMARY KEY, nombre VARCHAR(100), ...)

INSERT INTO usuarios (nombre, email, activo) VALUES ($1, $2, $3)

SELECT usuarios.id, usuarios.nombre, ... FROM usuarios WHERE activo = true ORDER BY nombre

SELECT pedidos.id, ... FROM pedidos WHERE pedidos.usuario_id IN (1, 2, 3)
```

## El ciclo de vida de la sesión explicado

create_async_engine() crea el pool de conexiones. pool_size=10 mantiene 10 conexiones abiertas permanentemente. max_overflow=20 permite hasta 20 conexiones adicionales en picos de carga. echo=True imprime todo el SQL generado — indispensable durante desarrollo.

Los type hints Mapped[str] con mapped_column() son la forma moderna de SQLAlchemy 2.0. El tipo Python (str, int, float, bool) se mapea automáticamente al tipo SQL correspondiente según el motor. String(100) especifica VARCHAR(100) explícitamente.

session.add(usuario) no hace INSERT inmediatamente: lo agrega a la sesión como pendiente. El INSERT ocurre en await session.commit(). Si hay un error en el commit, todos los cambios se revierten automáticamente (transacción atómica).

selectinload(Usuario.pedidos) es eager loading: cuando carga los usuarios, hace un segundo SELECT para cargar todos sus pedidos en una sola query IN. Sin esto, acceder a usuario.pedidos en un bucle haría una query separada por cada usuario (problema N+1).

### Integración con FastAPI — sesiones como dependencias

En FastAPI, las sesiones de SQLAlchemy se inyectan como dependencias con Depends(), garantizando que cada petición tenga su propia sesión y que se cierre correctamente.

```
Python
from fastapi import FastAPI, Depends, HTTPException

from sqlalchemy.ext.asyncio import AsyncSession

from contextlib import asynccontextmanager

from typing import Annotated


# Generador de sesión como dependencia

async def get_session() -> AsyncSession:

    async with AsyncSession(engine, expire_on_commit=False) as session:

        try:

            yield session

            await session.commit()

        except Exception:

            await session.rollback()

            raise


SessionDep = Annotated[AsyncSession, Depends(get_session)]


@asynccontextmanager
```

```
async def lifespan(app: FastAPI):
    await init_db()  # crear tablas al iniciar
    yield
    await engine.dispose()  # cerrar pool al terminar

app = FastAPI(lifespan=lifespan)

@app.post('/usuarios', response_model=UsuarioSchema)
async def crear(datos: UsuarioCrear, session: SessionDep):
    usuario = await crear_usuario(session, datos.nombre, datos.email)
    return usuario

@app.get('/usuarios/{uid}')
async def obtener(uid: int, session: SessionDep):
    stmt = select(Usuario).where(Usuario.id == uid)
    result = await session.execute(stmt)
    usuario = result.scalar_one_or_none()
    if not usuario:
        raise HTTPException(404, 'Usuario no encontrado')
    return usuario
```

**▶ Salida esperada**

```
POST /usuarios → INSERT SQL → 201 Created
GET /usuarios/1 → SELECT SQL → 200 OK
GET /usuarios/99 → SELECT SQL → 404 Not Found
```

## Lazy loading, N+1 y transacciones mal cerradas

> ⚠ **Error frecuente**
>
> DetachedInstanceError al acceder a una relación lazy fuera de la sesión. La sesión se cerró y SQLAlchemy no puede hacer la query. Solución: usa eager loading (selectinload) o accede dentro del contexto de sesión.

> ⚠ **Error frecuente**
>
> N+1 query problem: cargar 100 registros y acceder a sus relaciones en un bucle hace 101 queries. Siempre usa selectinload() o joinedload() cuando vayas a acceder a relaciones.

> ⚠ **Error frecuente**
>
> No hacer await session.refresh(obj) después de commit con autoincrement. El objeto obj.id será None hasta que se refresque desde la BD.

> ⚠ **Error frecuente**
>
> Usar expire_on_commit=True (default) y acceder a atributos después del commit. Los atributos quedan expirados y cada acceso hace una nueva query. Usa expire_on_commit=False en APIs.

## Async, pooling e integración con FastAPI

> **En producción**

En producción con FastAPI: usa asyncpg como driver async para PostgreSQL (es el más rápido), configura pool_size según las conexiones máximas de PostgreSQL divididas entre los workers, usa Alembic para migraciones de esquema versionadas (nunca Base.metadata.create_all en producción), y activa el query logging solo en desarrollo (echo=False en producción para no inundar los logs).

**Consejo profesional**

SQLAlchemy incluye soporte para soft deletes, auditoría automática (updated_at), y herencia de tablas. Para campos de auditoría automáticos, usa server_default=func.now() para created_at y onupdate=func.now() para updated_at. Estos se calculan en la BD, no en Python, garantizando consistencia en ambientes multi-proceso.

## Resumen: SQLAlchemy

- SQLAlchemy tiene dos capas: Core (SQL programático) y ORM (objetos Python ↔ tablas SQL).
- SQLAlchemy 2.0 usa Mapped[] y mapped_column() con type hints nativos.
- La Session es la unidad de trabajo: acumula cambios y los aplica atómicamente en commit().
- El Engine mantiene un pool de conexiones reutilizables para eficiencia.
- El problema N+1 se resuelve con eager loading: selectinload() o joinedload().
- En FastAPI, las sesiones se inyectan como dependencias con Depends() y generadores async.

- Alembic gestiona migraciones de esquema versionadas para producción.
- expire_on_commit=False evita queries innecesarias al acceder a objetos después de commit.

## Ejercicios: ORM y consultas

85. Modela una base de datos de blog con Users, Posts, Comments y Tags con todas las relaciones.
86. Implementa un repositorio genérico con métodos get, get_all, create, update, delete usando generics.
87. Reproduce el problema N+1 intencionalmente y luego corrígelo con selectinload. Mide la diferencia.
88. Configura Alembic y crea 3 migraciones: crear tabla, agregar columna, crear índice.
89. Implementa soft delete: en lugar de borrar, marca un campo deleted_at y filtra en todas las queries.
90. Escribe tests de integración para el CRUD usando SQLite en memoria como BD de test.

# Testing con pytest — Pruebas Profesionales en Python

> *pytest es el framework de testing más usado en Python. Permite escribir tests simples y poderosos con fixtures, parametrización y plugins para cualquier tipo de aplicación.*

## pytest: por qué probar y qué probar

El testing automatizado es la diferencia más visible entre software amateur y software profesional. Un programa sin tests es un programa que solo funciona hasta que alguien lo toca. Con tests, cada cambio puede verificarse automáticamente: el desarrollador sabe inmediatamente si rompió algo existente.

pytest fue creado por Holger Krekel y es hoy el framework de testing más usado en Python, habiendo desplazado al unittest estándar de la biblioteca por su simplicidad radical: en pytest, un test es simplemente una función que empieza con test_, y una aserción es simplemente assert expresion. No hay clases, no hay métodos setUp/tearDown, no hay assertEqual vs assertIn vs assertRaises. Solo Python.

Los tipos de tests que debes escribir, ordenados de más a menos importantes: Tests unitarios (prueban una función o método en aislamiento, rápidos, sin dependencias externas), Tests de integración (prueban cómo interactúan varios componentes: función + base de datos, función + API externa), Tests de extremo a extremo o E2E (prueban el sistema completo desde la interfaz de usuario hasta la base de datos).

La pirámide de testing recomienda: muchos tests unitarios (rápidos, baratos), algunos tests de integración (más lentos, más valiosos), pocos tests E2E (lentos, costosos pero de alto valor). Un error común es invertir la pirámide: pocos tests unitarios y muchos E2E, lo que resulta en una suite lenta, frágil y difícil de mantener.

Test-Driven Development (TDD) es la práctica de escribir el test antes de escribir el código. Ciclo: Red (escribe el test, falla porque el código no existe), Green (escribe el mínimo código para que el test pase), Refactor (mejora el código manteniendo el test en verde). TDD produce código más modular, más testeable, y con mejor diseño porque te obliga a pensar en la interfaz antes de la implementación.

## Descubrimiento de tests y ciclo de ejecución

pytest funciona mediante un sistema de plugins y hooks que hace el framework extremadamente extensible. Cuando ejecutas pytest, este:

1. Descubre los archivos de test: busca archivos que coincidan con test_*.py o *_test.py en el directorio actual y subdirectorios. 2. Descubre los tests: dentro de los archivos, busca funciones que empiecen con test_ y clases que empiecen con Test. 3. Resuelve fixtures: analiza los parámetros de cada función de test y busca fixtures con esos nombres (en el mismo archivo, en conftest.py, o en plugins). 4. Ejecuta los tests: corre cada test en orden (o en paralelo con pytest-xdist), capturando excepciones y aserciones fallidas. 5. Reporta resultados: muestra . para tests que pasan, F para fallos, E para errores, s para skipped.

Las fixtures son el mecanismo central de pytest para compartir configuración entre tests. Una fixture es una función decorada con @pytest.fixture que puede devolver (return) o producir (yield) un objeto. Las fixtures tienen scope: function (nueva instancia por test, default), class (una instancia por clase de tests), module (una instancia por módulo), session (una instancia para toda la suite). La fixture conftest.py es un archivo especial donde se definen fixtures compartidas entre múltiples módulos.

El sistema de parametrización (@pytest.mark.parametrize) permite ejecutar el mismo test con múltiples conjuntos de datos. En lugar de escribir 5 tests casi idénticos, escribes uno con 5 parámetros.

> 🧠 **Analogía**
>
> Los tests son como los andamios de una construcción. Durante la obra (desarrollo), los andamios permiten construir con seguridad y confianza. Una vez terminado el edificio, los andamios se retiran, pero si necesitas hacer reformas en el futuro, los vuelves a poner. Los tests son permanentes: son los andamios que siempre están disponibles para asegurarte de que cualquier reforma no derrumba el edificio. Las fixtures son como la mise en place de un chef: antes de cocinar (ejecutar el test), preparas todos los ingredientes (objetos, conexiones, datos) en el estado correcto. Después de cocinar (el test), limpias (teardown del yield). Así cada receta (test) empieza en condiciones perfectas.

## assert, fixtures y parametrización

pytest tiene una API mínima pero completa. Los elementos más importantes son las assertions, las fixtures, los markers y la parametrización.

| Elemento | Descripción y cuándo usar |
|---|---|
| `def test_nombre():` | Función de test — debe empezar con test_ |
| `assert expresion` | Aserción simple — pytest da mensajes de error ricos |
| `assert a == b, 'mensaje'` | Aserción con mensaje de error personalizado |
| `with pytest.raises(ExcType):` | Verificar que se lanza una excepción específica |
| `@pytest.fixture` | Definir una fixture reutilizable |
| `@pytest.fixture(scope='session')` | Fixture que vive durante toda la suite |
| `yield valor` | En fixture: valor para el test; código post-yield es teardown |
| `@pytest.mark.parametrize('a,b', [(1,2),(3,4)])` | Ejecutar test con múltiples parámetros |
| `@pytest.mark.skip(reason='...')` | Saltar un test con razón |
| `@pytest.mark.xfail` | Test que se espera que falle |
| `monkeypatch.setattr(obj, 'attr', valor)` | Fixture built-in para mock temporal |
| `tmp_path` | Fixture built-in: directorio temporal por test |

## Escribiendo tu primera suite de tests

Python

```python
import pytest
from typing import Optional


# ── Código bajo prueba ──────────────────────────────
def calcular_descuento(precio: float, pct: float,
                       precio_minimo: float = 0) -> float:
    """Aplica un descuento porcentual con precio mínimo."""
    if precio < 0:
        raise ValueError(f'Precio negativo: {precio}')
    if not 0 <= pct <= 100:
        raise ValueError(f'Porcentaje inválido: {pct}')
    resultado = precio * (1 - pct / 100)
    return max(resultado, precio_minimo)


# ── Tests unitarios ──────────────────────────────────
def test_descuento_normal():
    assert calcular_descuento(100, 20) == 80.0


def test_descuento_cero():
    assert calcular_descuento(100, 0) == 100.0


def test_descuento_completo():
    assert calcular_descuento(100, 100) == 0.0


def test_precio_minimo():
```

```
    resultado = calcular_descuento(100, 90, precio_minimo=15)
    assert resultado == 15.0

# Tests de excepciones
def test_precio_negativo_lanza_error():
    with pytest.raises(ValueError, match='Precio negativo'):
        calcular_descuento(-10, 20)


def test_porcentaje_invalido():
    with pytest.raises(ValueError):
        calcular_descuento(100, 150)

# Parametrización — un test, múltiples casos
@pytest.mark.parametrize('precio,pct,esperado', [
    (100, 10,  90.0),
    (200, 50, 100.0),
    (50,  0,   50.0),
    (75,  25,  56.25),
    (1000,100,  0.0),
])
def test_descuento_parametrizado(precio, pct, esperado):
    assert calcular_descuento(precio, pct) == pytest.approx(esperado)
```

**▶ Salida esperada**

```
$ pytest test_descuento.py -v
test_descuento.py::test_descuento_normal PASSED
test_descuento.py::test_descuento_cero PASSED
```

```
test_descuento.py::test_descuento_completo PASSED

test_descuento.py::test_precio_minimo PASSED

test_descuento.py::test_precio_negativo_lanza_error PASSED

test_descuento.py::test_porcentaje_invalido PASSED

test_descuento.py::test_descuento_parametrizado[100-10-90.0]
PASSED

test_descuento.py::test_descuento_parametrizado[200-50-100.0]
PASSED

===== 10 passed in 0.12s =====
```

## Fixtures, mocks y aislamiento explicados

pytest.raises(ValueError, match='Precio negativo') verifica dos cosas: que se lanza una excepción de tipo ValueError, y que su mensaje contiene la cadena 'Precio negativo' (como regex). El parámetro match es opcional pero hace los tests mucho más específicos.

pytest.approx(esperado) es fundamental para comparaciones de punto flotante. 0.1 + 0.2 == 0.3 es False en Python por la representación binaria de los floats. pytest.approx usa una tolerancia relativa de 1e-6 por defecto. También funciona con listas, dicts y arrays NumPy.

@pytest.mark.parametrize genera un test separado para cada conjunto de parámetros. En el output, cada caso tiene un ID descriptivo [100-10-90.0] que facilita identificar qué caso falló. Esto es mucho más mantenible que 5 funciones de test casi idénticas.

El flag -v (verbose) muestra el nombre de cada test. Otros flags útiles: -k 'nombre' para filtrar tests, --tb=short para tracebacks cortos, -x para parar al primer fallo, --lf para ejecutar solo los tests que fallaron en la última ejecución.

### Fixtures, mocking y tests de integración con FastAPI

Las fixtures permiten compartir configuración entre tests. El mocking aisla las dependencias externas. httpx.AsyncClient permite testear endpoints FastAPI sin levantar un servidor.

Python

```
import pytest

import pytest_asyncio

from httpx import AsyncClient, ASGITransport

from unittest.mock import AsyncMock, patch

from sqlalchemy.ext.asyncio import create_async_engine, AsyncSession

from sqlalchemy.orm import sessionmaker


# ── Fixture: base de datos en memoria para tests ──

@pytest.fixture(scope='session')

def engine_test():

    return create_async_engine('sqlite+aiosqlite:///:memory:')


@pytest_asyncio.fixture

async def session(engine_test):

    async with engine_test.begin() as conn:

        await conn.run_sync(Base.metadata.create_all)

    async with AsyncSession(engine_test) as sess:

        yield sess

        await sess.rollback()  # rollback después de cada test
```

```
# ── Fixture: cliente HTTP para FastAPI ──
@pytest_asyncio.fixture
async def client(session):
    app.dependency_overrides[get_session] = lambda: session
    async with AsyncClient(transport=ASGITransport(app=app),
                           base_url='http://test') as c:
        yield c
    app.dependency_overrides.clear()

# ── Test de integración ──
@pytest.mark.asyncio
async def test_crear_usuario(client):
    response = await client.post('/usuarios', json={
        'nombre': 'Ana García',
        'email': 'ana@test.com',
        'edad': 28
    })
    assert response.status_code == 201
    data = response.json()
    assert data['nombre'] == 'Ana García'
    assert 'id' in data

# ── Mock de servicio externo ──
@patch('app.services.enviar_email', new_callable=AsyncMock)
async def test_registro_envia_email(mock_email, client):
                          await      client.post('/usuarios',
json={'nombre':'X','email':'x@x.com','edad':20})
    mock_email.assert_called_once()
```

▶ **Salida esperada**

```
PASSED test_crear_usuario

PASSED test_registro_envia_email

(2 tests en ~0.3s con SQLite en memoria)
```

## Tests frágiles y dependencias entre pruebas

> ⚠ **Error frecuente**
>
> ImportError al importar el módulo bajo prueba. Verifica el PYTHONPATH y que conftest.py esté en el directorio correcto. pytest agrega automáticamente los directorios con conftest.py al path.

> ⚠ **Error frecuente**
>
> Tests que dependen del orden de ejecución. Cada test debe ser independiente: no asumir que otro test corre primero. Usa fixtures para crear el estado necesario en cada test.

> ⚠ **Error frecuente**
>
> No usar pytest.approx para comparar floats. assert 0.1 + 0.2 == 0.3 falla. Usa assert 0.1 + 0.2 == pytest.approx(0.3).

> ⚠ **Error frecuente**
>
> Fixtures de scope='session' que mantienen estado entre tests. Si una fixture de sesión modifica datos compartidos, puede causar que tests fallen dependiendo

del orden. Prefiere scope='function' para datos mutables.

## Cobertura, CI y la pirámide de testing

**En producción**

En proyectos reales: ejecuta pytest en CI/CD en cada pull request (GitHub Actions, GitLab CI), usa pytest-cov para medir cobertura de código (objetivo mínimo: 80%), usa pytest-xdist para ejecutar tests en paralelo (pytest -n auto), y separa los tests lentos (integración, E2E) con markers para no ejecutarlos en cada commit. Mantén un archivo pytest.ini o pyproject.toml con la configuración del proyecto.

**Consejo profesional**

La fixture tmp_path (built-in en pytest) proporciona un directorio temporal único por test que se elimina automáticamente. Es perfecta para tests que necesitan crear archivos. La fixture monkeypatch permite hacer mocking sin la sintaxis de unittest.mock: monkeypatch.setattr(modulo, 'funcion', mock) y monkeypatch.setenv('VARIABLE', 'valor').

## Resumen: testing con pytest

- Un test pytest es una función que empieza con test_ y usa assert para verificar comportamiento.
- pytest.raises() verifica que se lanza la excepción correcta con el mensaje correcto.

- pytest.approx() es obligatorio para comparar floats correctamente.
- @pytest.mark.parametrize ejecuta el mismo test con múltiples conjuntos de datos.
- Las fixtures preparan el estado necesario para los tests y limpian después (yield + teardown).
- conftest.py define fixtures compartidas entre múltiples módulos de test.
- El mocking (patch, AsyncMock) aisla dependencias externas como APIs y bases de datos.
- pytest-cov mide la cobertura; pytest-xdist ejecuta tests en paralelo.

## Ejercicios: pruebas automatizadas

91. Implementa tests completos para una calculadora con todas las operaciones y casos extremos.
92. Escribe una fixture que cree y destruya una base de datos SQLite temporal para tests de integración.
93. Usa @pytest.mark.parametrize para testear una función de validación de emails con 10 casos.
94. Mockea una llamada a una API externa (requests.get) y verifica que tu código maneja el error 404.
95. Configura pytest-cov y lleva la cobertura de un módulo real al 90%+.
96. Escribe tests de integración para un endpoint FastAPI usando httpx.AsyncClient y una BD en memoria.

# Docker — Contenedores para Aplicaciones Python

> *Docker empaqueta una aplicación y todas sus dependencias en un contenedor aislado y reproducible que corre igual en cualquier entorno.*

## Docker: reproducibilidad y aislamiento

Docker fue lanzado por Solomon Hykes en 2013 y revolucionó el desarrollo y despliegue de software. Antes de Docker, el problema más común en software era "funciona en mi máquina": la aplicación corría perfectamente en el laptop del desarrollador pero fallaba en el servidor de producción por diferencias en versiones de Python, librerías del sistema, variables de entorno, o configuraciones del OS.

Docker resuelve este problema empaquetando la aplicación con todo lo que necesita para correr: el intérprete de Python, todas las dependencias (pip packages), los archivos de configuración, y el sistema operativo mínimo necesario. Este paquete se llama imagen Docker. Al ejecutar una imagen, obtienes un contenedor: un proceso aislado con su propio sistema de archivos, red y recursos, que corre igual en cualquier máquina que tenga Docker instalado.

La diferencia fundamental entre un contenedor Docker y una máquina virtual (VM) es que una VM virtualiza el hardware completo (CPU, RAM, disco) y corre un OS completo encima, mientras que un contenedor Docker comparte el kernel del host OS y solo virtualiza el espacio de usuario (el filesystem, los procesos, la red). Esto hace los contenedores mucho más ligeros: arrancan en segundos (vs minutos para VMs) y usan mucho menos RAM.

Docker Compose es una herramienta para definir y ejecutar aplicaciones multi-contenedor. Un archivo docker-compose.yml describe todos los servicios de tu aplicación (API, base de datos, cache, workers) y sus relaciones. Con docker compose up, levantas toda la aplicación con un solo comando.

En el ecosistema moderno, Docker es solo el primer paso. Kubernetes (K8s) es el orquestador de contenedores estándar para producción: gestiona qué contenedores corren en qué nodos de un clúster, escala automáticamente según la carga, reemplaza contenedores que fallan, y gestiona el tráfico de red entre servicios.

## Namespaces, cgroups y sistema de capas

Docker usa tres características del kernel Linux para aislar contenedores:

Namespaces: cada contenedor tiene su propio namespace de procesos (solo ve sus propios procesos, no los del host), red (su propia interfaz de red, IP y puertos), filesystem (ve solo su propio sistema de archivos), y usuarios. Desde el contenedor, parece que es el único proceso en el sistema.

Control Groups (cgroups): limitan los recursos que puede usar cada contenedor. Si defines memory: 512m en Docker Compose, cgroups garantizan que el contenedor no puede usar más de 512MB de RAM. Igual para CPU, I/O de disco, y red.

Union filesystem (OverlayFS): las imágenes Docker están compuestas de capas. Cada instrucción en el Dockerfile crea una nueva capa inmutable. Cuando creas un contenedor, Docker añade una capa de escritura encima de las capas de la imagen. Las capas se cachean: si cambias solo el código de tu app (última capa), Docker no reconstruye las capas de Python ni de las dependencias.

El Dockerfile multi-stage build es fundamental para producción. En el primer stage (builder), instalas todo lo necesario para compilar/construir la aplicación (gcc, build tools, etc.). En el segundo stage (final), solo copias los artefactos del builder. La imagen final solo contiene lo necesario para correr, no para construir, resultando en imágenes mucho más pequeñas y seguras.

> 🧠 **Analogía**
>
> Docker es como los contenedores de carga marítima que revolucionaron el comercio mundial. Antes de los contenedores, cada barco necesitaba equipos especiales para cargar pianos, coches, cereales y maquinaria de formas completamente diferentes. Los contenedores estandarizaron el empaque: no importa qué hay dentro, el contenedor siempre tiene las mismas dimensiones y puede cargarse en cualquier barco, tren o camión del mundo. Docker hace lo mismo con el software: empaqueta la aplicación en un contenedor estándar que puede "cargarse" (desplegarse) en cualquier servidor, cloud o laptop que tenga Docker instalado, sin importar el sistema operativo o configuración del host. Docker Compose es el manifiesto del barco: una lista completa de qué contenedores van, en qué orden cargarlos, y cómo conectarlos entre sí.

## Dockerfile, imágenes y contenedores

El Dockerfile describe cómo construir la imagen. Docker Compose describe cómo ejecutar los servicios juntos.

| Instrucción/Comando | Descripción |
|---|---|
| `FROM python:3.12-slim` | Imagen base — siempre especifica la versión exacta |
| `WORKDIR /app` | Directorio de trabajo dentro del contenedor |
| `COPY requirements.txt .` | Copiar archivo al contenedor (antes de pip install) |
| `RUN pip install --no-cache-dir -r requirements.txt` | Instalar dependencias (crea una capa) |
| `COPY . .` | Copiar el código fuente (después de dependencias) |
| `ENV PYTHONUNBUFFERED=1` | Variable de entorno para logs en tiempo real |
| `EXPOSE 8000` | Documentar el puerto (no lo abre, es informativo) |
| `CMD ['uvicorn', 'main:app', '--host', '0.0.0.0']` | Comando por defecto al iniciar el contenedor |
| `docker build -t mi-app:1.0 .` | Construir imagen desde Dockerfile |
| `docker run -p 8000:8000 mi-app:1.0` | Ejecutar contenedor mapeando puerto |
| `docker compose up -d` | Levantar todos los servicios en background |
| `docker compose logs -f api` | Ver logs de un servicio en tiempo real |

## Empaquetando una aplicación Python

Python

```
# ── Dockerfile (multi-stage para producción) ──────────
FROM python:3.12-slim AS builder

WORKDIR /build
COPY requirements.txt .
RUN pip install --no-cache-dir --prefix=/install -r requirements.txt

# ── Stage final: imagen mínima ──────────────────────
FROM python:3.12-slim

# Usuario no-root por seguridad
RUN useradd --create-home --shell /bin/bash appuser
USER appuser

WORKDIR /app

# Copiar solo las dependencias compiladas del builder
COPY --from=builder /install /usr/local

# Copiar código fuente
COPY --chown=appuser:appuser . .

# Variables de entorno para Python
ENV PYTHONUNBUFFERED=1 \
```

```
    PYTHONDONTWRITEBYTECODE=1 \
    PATH='/home/appuser/.local/bin:$PATH'

EXPOSE 8000

# Health check
HEALTHCHECK --interval=30s --timeout=10s --retries=3 \
    CMD curl -f http://localhost:8000/health || exit 1

CMD ['uvicorn', 'main:app', '--host', '0.0.0.0', '--port', '8000', '--workers', '4']
```

▶ **Salida esperada**

```
$ docker build -t mi-api:1.0 .
Step 1/12 : FROM python:3.12-slim AS builder
[+] Building 23.4s (12/12) FINISHED
$ docker images mi-api
REPOSITORY   TAG   IMAGE ID       SIZE
mi-api       1.0   a1b2c3d4e5f6   148MB
$ docker run -p 8000:8000 mi-api:1.0
INFO: Uvicorn running on http://0.0.0.0:8000
```

## Capas, caché y multi-stage builds explicados

El multi-stage build usa dos FROM. El primer stage (builder) instala las dependencias con pip install --prefix=/install, que las instala en /install en lugar de los paths del sistema. El segundo stage (imagen final) copia solo el directorio /install del builder, no las herramientas de compilación.

La separación de COPY requirements.txt . / RUN pip install / COPY . . es deliberada y crítica para el rendimiento: Docker cachea cada capa. Si cambias el código pero no requirements.txt, Docker reutiliza la capa de pip install (la más lenta) y solo reconstruye la capa de COPY . . El orden incorrecto (COPY todo primero, luego pip install) invalida la caché de pip en cada cambio de código.

RUN useradd... USER appuser ejecuta la aplicación con un usuario sin privilegios de root. Es una práctica de seguridad fundamental: si un atacante compromete el contenedor, no tiene acceso root al host.

PYTHONUNBUFFERED=1 hace que Python no buffere la salida estándar: los logs aparecen inmediatamente en docker logs, no cuando el buffer se llena. PYTHONDONTWRITEBYTECODE=1 evita crear archivos .pyc innecesarios en el contenedor.

### Docker Compose — aplicación completa multi-servicio

Docker Compose define y orquesta múltiples contenedores que trabajan juntos. Este ejemplo levanta una API FastAPI, PostgreSQL y Redis con una sola configuración.

```
Python
# docker-compose.yml
version: '3.9'


services:
  api:
```

```
    build: .
    ports:
      - '8000:8000'
    environment:
      DATABASE_URL: postgresql+asyncpg://user:pass@db/mydb
      REDIS_URL: redis://redis:6379
    depends_on:
      db:
        condition: service_healthy
      redis:
        condition: service_started
    restart: unless-stopped
    volumes:
      - ./logs:/app/logs

  db:
    image: postgres:16-alpine
    environment:
      POSTGRES_USER: user
      POSTGRES_PASSWORD: pass
      POSTGRES_DB: mydb
    volumes:
      - postgres_data:/var/lib/postgresql/data
    healthcheck:
      test: ['CMD-SHELL', 'pg_isready -U user -d mydb']
      interval: 5s
      timeout: 5s
      retries: 5
```

```
  redis:
    image: redis:7-alpine
    command: redis-server --appendonly yes
    volumes:
      - redis_data:/data

volumes:
  postgres_data:
  redis_data:
```

▶ **Salida esperada**

```
$ docker compose up -d
[+] Running 3/3
  Container app-db-1     Healthy
  Container app-redis-1  Started
  Container app-api-1    Started
$ docker compose ps
NAME           STATUS     PORTS
app-api-1      running    0.0.0.0:8000->8000/tcp
app-db-1       healthy
app-redis-1    running
```

## Imágenes pesadas, secretos expuestos y root

> ⚠ **Error frecuente**
>
> No usar .dockerignore — COPY . . incluye

__pycache__, .env, .git y archivos de test en la imagen, aumentando su tamaño y exponiendo secretos. Crea .dockerignore con __pycache__, *.pyc, .env, .git, tests/.

⚠ **Error frecuente**

Exponer secretos en variables de entorno hardcodeadas en el Dockerfile o docker-compose.yml. Usa archivos .env (que NO se commitean a git) o sistemas de secretos como Docker Secrets, AWS Secrets Manager o HashiCorp Vault.

⚠ **Error frecuente**

Construir la imagen como root y ejecutar como root. Si el contenedor es comprometido, el atacante tiene privilegios de root en el namespace del contenedor. Siempre ejecuta con USER no-root.

⚠ **Error frecuente**

No poner healthchecks. Sin healthcheck, Docker Compose no puede saber si el servicio está realmente listo para recibir tráfico. La API puede intentar conectarse a la BD antes de que esté lista.

## Compose, healthchecks y despliegue

**En producción**

> En producción, las imágenes Docker se publican en un registry (Docker Hub, AWS ECR, Google Artifact Registry) y se despliegan en Kubernetes (K8s). El ciclo es: código → CI/CD (GitHub Actions) → build imagen → push al registry → K8s pull y deploy. Para aplicaciones Python, usa imágenes base slim o alpine (menores = menos vulnerabilidades), fija SIEMPRE las versiones (python:3.12.3-slim, no python:latest), y escanea las imágenes con trivy o snyk para detectar vulnerabilidades.

> 💡 **Consejo profesional**
>
> El comando docker compose watch (Docker Compose 2.22+) reconstruye y reinicia automáticamente los servicios cuando los archivos fuente cambian, como un hot-reload para contenedores. Es la forma moderna de desarrollo con Docker, eliminando la necesidad de docker compose down && docker compose up después de cada cambio.

## Resumen: Docker

- Docker empaqueta la app con todas sus dependencias en una imagen portátil que corre igual en cualquier entorno.
- Los contenedores usan namespaces y cgroups del kernel Linux para aislamiento y control de recursos.
- El Dockerfile describe los pasos para construir la imagen capa por capa.
- El orden en el Dockerfile importa: pon COPY requirements.txt e instala dependencias ANTES de copiar el código.
- Los multi-stage builds reducen el tamaño de la imagen final separando build-time de runtime.
- Siempre ejecuta con USER no-root y usa .dockerignore para excluir archivos innecesarios y secretos.

- Docker Compose orquesta múltiples servicios (API, BD, cache) con un solo archivo de configuración.
- En producción: Kubernetes orquesta los contenedores; siempre fija versiones exactas de imágenes.

## Ejercicios: contenedores

97. Dockeriza tu API FastAPI + SQLAlchemy + PostgreSQL con docker-compose.yml y verifica que funciona.
98. Implementa un multi-stage Dockerfile y compara el tamaño de la imagen con un Dockerfile single-stage.
99. Agrega un healthcheck a tu contenedor y verifica que docker compose respeta el depends_on con condition: service_healthy.
100. Crea un .dockerignore completo y verifica con docker build --no-cache que la imagen no contiene archivos de desarrollo.
101. Configura GitHub Actions para buildear y pushear la imagen a Docker Hub en cada push a main.
102. Investiga Docker secrets y refactoriza tu docker-compose.yml para no exponer contraseñas en texto plano.

# ¿Qué sigue? — Ruta de Aprendizaje

> *Has completado 17 capítulos de Python profesional: desde los fundamentos del intérprete hasta NumPy, Pandas, SQLAlchemy, testing y Docker. Ahora es el momento de profundizar en las áreas que más te interesen.*

## Ruta Backend avanzada

- FastAPI avanzado: JWT, OAuth2, WebSockets, background tasks, middleware
- SQLAlchemy avanzado: eventos, herencia de tablas, particionado, bulk ops
- PostgreSQL avanzado: índices GiST/GIN, full-text search, JSONB, triggers
- Redis: Lua scripting, streams, Redis Stack, pub/sub, colas con Celery
- Kubernetes: deployments, HPA, ingress, Helm charts, service mesh
- Observabilidad: OpenTelemetry, Prometheus, Grafana, Loki, Jaeger

## Ruta Data Science y ML

- NumPy avanzado: numba JIT, Cython, custom ufuncs, memory mapping
- Pandas avanzado: Polars (10x más rápido), DuckDB, Apache Arrow
- Scikit-learn: pipelines, custom transformers, GridSearchCV, model selection
- TensorFlow / PyTorch: CNN, transformers, fine-tuning de LLMs
- MLflow + DVC: model registry, CI/CD para ML, feature stores

- LangChain: RAG, agentes autónomos, herramientas, memoria persistente

> **Consejo profesional**
>
> El mejor aprendizaje ocurre construyendo proyectos reales con todos los componentes integrados. Construye un sistema completo: API FastAPI + PostgreSQL + Redis + Docker + tests + CI/CD.

*— Fin del libro —*

# Apéndice — Soluciones de los Ejercicios

Este apéndice recoge las soluciones de los 102 ejercicios propuestos a lo largo del libro. Antes de consultarlas, intenta resolver cada ejercicio por tu cuenta: el valor del ejercicio está en el intento, no en la respuesta. Muchas soluciones incluyen valores medidos en ejecución real; los tuyos pueden variar ligeramente según la versión de Python, el hardware y el sistema operativo, pero los órdenes de magnitud deberían coincidir.

*Varios ejercicios admiten más de una solución correcta. Las que se ofrecen aquí priorizan la claridad y las prácticas habituales en código de producción.*

## Capítulo 6 — Introducción a Python

**1. Instala Python 3.11+, crea un entorno virtual con python -m venv env, actívalo y verifica la versión.**

Tras crear el entorno con `python -m venv env` y activarlo (`source env/bin/activate` en Linux o macOS, `env\Scripts\activate` en Windows), `python --version` debe mostrar 3.11 o superior y `which python` debe apuntar dentro de env/. El entorno virtual aísla las dependencias del proyecto del Python del sistema, evitando conflictos entre versiones de librerías.

**2. Ejecuta python -m tokenize sobre un script y analiza qué tokens genera cada línea de código.**

El tokenizador emite tuplas con tipo, valor, posición inicial, posición final y la línea completa. Verás NAME para identificadores y palabras clave, NUMBER y STRING para literales, OP para operadores y delimitadores, y sobre todo INDENT y DEDENT: los tokens que hacen que la sangría sea sintácticamente significativa en Python. Cada línea termina con NEWLINE y el archivo con ENDMARKER.

**3. Usa el módulo dis para ver el bytecode de una función simple. Identifica las instrucciones LOAD_FAST y STORE_FAST.**

Para `def f(x): y = x + 1; return y` el bytecode muestra LOAD_FAST x (carga la variable local a la pila), LOAD_CONST 1, BINARY_OP +, STORE_FAST y (guarda en la tabla de locales) y RETURN_VALUE. LOAD_FAST y STORE_FAST operan sobre un array indexado por posición, mientras que las variables globales usan LOAD_GLOBAL con búsqueda en diccionario. Esa es la razón técnica de que las variables locales sean más rápidas.

**4. Usa dir() e isinstance() para explorar 5 objetos distintos. ¿Qué métodos comparten todos?**

Todos los objetos comparten los métodos heredados de object: __class__, __delattr__, __dir__, __doc__, __eq__, __format__, __ge__, __getattribute__, __gt__, __hash__, __init__, __le__, __lt__, __ne__, __new__, __reduce__, __repr__, __setattr__, __sizeof__ y __str__. Es la demostración práctica de que en Python absolutamente todo hereda de object.

**5. Lee el Zen de Python (import this) y escribe un párrafo sobre cuál principio te parece más importante y por qué.**

Respuesta abierta. Un argumento sólido: «Explícito es mejor que implícito» sostiene buena parte del resto de principios, porque reduce la carga cognitiva de leer código ajeno y hace que los errores se manifiesten temprano. También es defendible elegir «Los errores nunca deberían pasar silenciosamente», por su impacto directo en la depuración y en la fiabilidad en producción.

**6. Investiga la diferencia entre CPython y PyPy. ¿Para qué tipo de programas es más rápido PyPy?**

CPython interpreta el bytecode instrucción por instrucción. PyPy incorpora un compilador JIT que detecta los bucles calientes y los traduce a código máquina nativo. PyPy resulta más rápido en programas de larga ejecución con cómputo intensivo escrito en Python puro, como simulaciones o bucles numéricos. En cambio no aporta ventaja —e incluso puede ser más lento— en scripts cortos, donde el JIT no llega a calentar, ni en código que delega el trabajo pesado a bibliotecas escritas en C como NumPy.

## Capítulo 7 — Referencias y Objetos en Memoria

**1. Usa id() para verificar que a = [1,2]; b = a crea referencias al mismo objeto. Cambia b = a.copy() y verifica que ahora son distintos.**

Con `a = [1,2]` y `b = a`, tanto `id(a) == id(b)` como `a is b` dan True: son dos nombres para el mismo objeto, de modo que `b.append(3)` también se refleja en `a`. Tras ejecutar `b = a.copy()` los identificadores difieren, `a is b` pasa a False y las modificaciones sobre `b` dejan de afectar a `a`.

**2. Demuestra con sys.getrefcount() cómo el contador sube cuando añades el objeto a una lista.**

`sys.getrefcount(x)` devuelve siempre un valor mayor del esperado, porque el propio argumento de la llamada cuenta como referencia temporal. Si `x = [1,2]` arroja 2, al ejecutar `lista = [x]` el contador sube a 3. Cada contenedor que almacena el objeto suma una referencia, y al hacer `del lista` el contador vuelve a bajar.

**3. Experimenta con la reasignación vs modificación dentro de una función. ¿Cuándo se ve el cambio fuera?**

Reasignar el parámetro dentro de la función (`param = [9]`) solo cambia a qué objeto apunta el nombre local, y no se percibe fuera. Mutar el objeto (`param.append(9)`) sí modifica la estructura compartida y el cambio es visible desde el exterior. Python pasa referencias al objeto, pero la asignación rebindea el nombre local en lugar de alterar el objeto original.

**4. Crea una lista de listas y compara copy.copy() vs copy.deepcopy() modificando un elemento anidado.**

**5. Investiga el small integer cache: ¿es el mismo objeto id(256) == id(256)? ¿Y id(257) == id(257)?**

`id(256) == id(256)` da True porque CPython precachea los enteros del -5 al 256. Con 257 el resultado depende del contexto: en el REPL, escribir `a = 257` y `b = 257` en líneas separadas hace que `a is b` sea False, ya que cada línea se compila por separado; dentro de un mismo script o función el resultado es True, porque el compilador reutiliza la constante del bloque. La conclusión práctica es no usar nunca `is` para comparar números, sino `==`.

**6. Escribe una función que reciba un diccionario y lo modifique sin afectar el original usando deepcopy.**

Una implementación correcta:

```
import copy
```

```
def modificar_sin_afectar(d):
    copia = copy.deepcopy(d)
    copia['nuevo'] = 'valor'
    return copia
```

Con deepcopy también se clonan los diccionarios anidados. Usando `dict(d)` o `d.copy()` los niveles internos seguirían compartidos y la modificación se filtraría al original.

## Capítulo 8 — Mutabilidad e Inmutabilidad

**1. Demuestra el integer cache: compara is para valores dentro y fuera del rango -5 a 256.**

Dentro del rango -5 a 256 los enteros están precacheados y `is` devuelve True. Fuera de ese rango el resultado varía según cómo se compile el código, por lo que `is` no es fiable para comparar números. La regla es usar `==` para comparar valores y reservar `is` para comprobar identidad, típicamente contra None.

**2. Verifica que str.upper() crea un nuevo objeto usando id() antes y después.**

Ejecutando `s = 'hola'`, guardando `antes = id(s)` y luego `s2 = s.upper()`, se comprueba que `id(s2)` difiere de `antes` y que `s` sigue valiendo 'hola'. Los strings son inmutables: todos sus métodos devuelven objetos nuevos en lugar de modificar el original.

**3. Crea el bug del argumento mutable por defecto intencionalmente y luego corrígelo.**

El bug se reproduce con `def f(x, acc=[]): acc.append(x); return acc`, que acumula valores entre llamadas sucesivas porque el valor por defecto se evalúa una única vez, al definir la función. La corrección estándar es usar None como centinela: `def f(x, acc=None): acc = [] if acc is None else acc`.

**4. Intenta usar una lista, luego una tupla, como clave de diccionario. Explica la diferencia.**

Una tupla funciona como clave porque es hashable; una lista provoca `TypeError: unhashable type: 'list'`. Los diccionarios necesitan que el hash de la clave permanezca estable durante toda la vida del objeto, y solo los objetos inmutables lo garantizan.

**5. Crea una tupla con una lista adentro y demuestra que la tupla es inmutable pero la lista no.**

Con `t = ([1,2], 3)`, la operación `t[0].append(9)` funciona y deja `t` como `([1,2,9], 3)`. La tupla es inmutable respecto a qué objetos referencia, pero no congela el contenido de esos objetos. Por eso una tupla que contiene una lista tampoco es hashable.

**6. Compara sys.getsizeof() de una lista vs tupla con 100 elementos. ¿Cuánto más eficiente es la tupla?**

Midiendo con 100 elementos en CPython 3.12: la lista ocupa 856 bytes y la tupla 840, una diferencia de 16 bytes. La lista reserva espacio adicional para poder crecer sin realojar memoria en cada append, mientras que la tupla, al ser de tamaño fijo, no necesita ese margen. La diferencia por objeto es modesta, pero se vuelve significativa al crear millones de instancias.

## Capítulo 9 — Condicionales

**1. Verifica experimentalmente todos los valores falsy de Python. ¿Hay alguno que no esperabas?**

Los valores falsy son: 0, 0.0, 0j, '', [], (), {}, set(), frozenset(), range(0), b'' y None, además de False. Los que suelen sorprender son `range(0)`, el complejo `0j` y los contenedores vacíos de cualquier tipo. Cualquier objeto personalizado puede definir su propio comportamiento implementando __bool__ o, en su defecto, __len__.

**2. Demuestra el cortocircuito: crea una función con print() y verifica cuándo se ejecuta en and/or.**

Insertando una función con print() en la expresión se comprueba que en `A and B` la parte B solo se evalúa si A es verdadero, y en `A or B` solo si A es falso. El cortocircuito permite escribir con seguridad guardas como `if usuario and usuario.activo`, ya que el segundo término no llega a evaluarse cuando el primero falla.

**3. Reescribe una función con 4 niveles de if anidados usando guard clauses.**

Las guard clauses invierten las condiciones y retornan temprano, eliminando el anidamiento. En lugar de encadenar cuatro `if` sucesivos, se escribe una serie de comprobaciones independientes que abortan al primer fallo:

```
def procesar(pedido):
    if not pedido:
        return 'pedido vacío'
    if not pedido.pagado:
        return 'pago pendiente'
    if not pedido.items:
        return 'sin artículos'
    if pedido.cancelado:
        return 'cancelado'
    return despachar(pedido)
```

El resultado es plano, cada condición se lee de forma aislada y el camino correcto queda al final, sin sangría acumulada.

**4. Implementa un validador de formulario de registro con al menos 6 condiciones usando guard clauses.**

Un validador con guard clauses comprueba cada regla por separado y devuelve el primer error encontrado:

```
def validar_registro(datos):
    if not datos.get('usuario'):
        return 'usuario requerido'
    if len(datos['usuario']) < 3:
        return 'usuario demasiado corto'
    if '@' not in datos.get('email', ''):
        return 'email inválido'
    if len(datos.get('password', '')) < 8:
        return 'password mínimo 8 caracteres'
    if datos['password'] != datos.get('password2'):
        return 'las contraseñas no coinciden'
    if not datos.get('acepta_terminos'):
        return 'debe aceptar los términos'
    return None
```

Devolver None cuando todo es válido permite escribir `if error := validar_registro(d):` en el llamador.

**5. Usa all() y any() para verificar si una lista de contraseñas cumple todos los requisitos de seguridad.**

Una comprobación de robustez combinando ambas funciones:

```
def es_fuerte(p):
    return all([
        len(p) >= 8,
        any(c.isupper() for c in p),
        any(c.isdigit() for c in p),
        any(not c.isalnum() for c in p),
    ])
```

Verificado: 'Abc12345!' da True, mientras que 'abc' y 'ABCdef12' dan False. `all()` exige que se cumplan todas las condiciones y `any()` que se cumpla al menos una; ambas cortocircuitan en cuanto el resultado queda determinado.

**6. Implementa un despachador de comandos con match-case para al menos 5 comandos diferentes.**

Un despachador con match-case aprovecha el desempaquetado de patrones:

```
def ejecutar(comando):
    match comando.split():
        case ['ayuda']:
            return mostrar_ayuda()
        case ['salir']:
            return terminar()
        case ['listar', tipo]:
            return listar(tipo)
        case ['agregar', nombre, valor]:
            return agregar(nombre, valor)
        case ['eliminar', *ids]:
            return eliminar(ids)
        case _:
            return 'comando desconocido'
```

La ventaja sobre una cadena de `if` es que match-case captura las variables al mismo tiempo que reconoce la estructura del patrón.

## Capítulo 10 — Bucles

### 1. Implementa tu propio iterable creando una clase con __iter__ y __next__ que genere la secuencia de Fibonacci.

Un iterable de Fibonacci requiere __iter__ y __next__:

```
class Fib:
    def __init__(self, n):
        self.n = n
    def __iter__(self):
        self.a, self.b, self.i = 0, 1, 0
        return self
    def __next__(self):
        if self.i >= self.n:
            raise StopIteration
        valor = self.a
        self.a, self.b = self.b, self.a + self.b
        self.i += 1
        return valor
```

Verificado: `list(Fib(10))` produce [0, 1, 1, 2, 3, 5, 8, 13, 21, 34]. Inicializar el estado en __iter__ permite recorrer el objeto varias veces.

### 2. Usa zip() y enumerate() juntos para imprimir una tabla de dos columnas con índices.

Combinando ambas funciones se obtienen el índice y los pares de valores a la vez:

```
for i, (a, b) in enumerate(zip(col1, col2), start=1):
    print(f'{i:>3}  {a:<20} {b:>10}')
```

`zip()` se detiene con la secuencia más corta; si necesitas recorrer hasta la más larga usa `itertools.zip_longest`.

### 3. Implementa el algoritmo de búsqueda binaria usando el patrón while...else.

La cláusula else de un while se ejecuta cuando el bucle termina sin break:

```
def busqueda_binaria(lista, objetivo):
```

```
    lo, hi = 0, len(lista) - 1
    while lo <= hi:
        medio = (lo + hi) // 2
        if lista[medio] == objetivo:
            return medio
        elif lista[medio] < objetivo:
            lo = medio + 1
        else:
            hi = medio - 1
    else:
        return -1
```

Verificado sobre `range(0, 100, 2)`: buscar 42 devuelve el índice 21 y buscar 43 devuelve -1.

**4. Crea un generador que lea un archivo CSV línea por línea y la parsee, sin cargar el archivo entero.**

Un generador procesa el archivo línea a línea sin cargarlo entero en memoria:

```
def leer_csv(ruta):
    with open(ruta, encoding='utf-8') as f:
        cabecera = next(f).strip().split(',')
        for linea in f:
                                yield  dict(zip(cabecera,
linea.strip().split(',')))
```

Cada iteración mantiene una sola fila en memoria, lo que permite procesar archivos de gigabytes. Para casos con comillas y comas embebidas conviene usar `csv.DictReader`, que aplica la misma estrategia perezosa.

**5. Usa itertools.groupby para agrupar una lista de transacciones por categoría y calcular el total de cada una.**

`itertools.groupby` exige que los datos estén ordenados previamente por la clave de agrupación:

```
from itertools import groupby
from operator import itemgetter
```

```
transacciones.sort(key=itemgetter('categoria'))
for categoria, grupo in groupby(transacciones,
key=itemgetter('categoria')):
    total = sum(t['monto'] for t in grupo)
    print(f'{categoria}: {total}')
```

Si se omite el ordenado previo, groupby crea un grupo nuevo cada vez que cambia el valor y los resultados salen fragmentados.

**6. Compara memoria usada (tracemalloc) al procesar 1M números con list comprehension vs generator.**

Midiendo con tracemalloc el procesamiento de un millón de números, la comprensión de lista alcanza un pico de unos 40,4 MB mientras que el generador se queda en torno a 0,0005 MB, y ambos devuelven el mismo resultado. La comprensión materializa la lista completa en memoria; el generador produce los valores de uno en uno. Para agregaciones como sum(), max() o any() el generador es siempre preferible.

## Capítulo 11 — Listas

**1. Implementa una Stack (pila LIFO) y una Queue (cola FIFO) usando listas. Verifica sus operaciones.**

Una pila usa append y pop sobre el final de la lista, ambas O(1):

```
class Stack:
    def __init__(self):
        self._datos = []
    def push(self, x):
        self._datos.append(x)
    def pop(self):
        if not self._datos:
            raise IndexError('pila vacía')
        return self._datos.pop()
```

Para la cola FIFO conviene `collections.deque`, porque `popleft()` es O(1) mientras que `list.pop(0)` es O(n) al tener que desplazar todos los elementos restantes.

**2. Usa bisect para implementar una búsqueda binaria sobre una lista ordenada y mide su tiempo vs in.**

`bisect` opera sobre listas ya ordenadas y localiza la posición en tiempo logarítmico:

```
import bisect
```

```
def contiene(lista_ordenada, valor):
    i = bisect.bisect_left(lista_ordenada, valor)
        return i < len(lista_ordenada) and
lista_ordenada[i] == valor
```

Con listas grandes la diferencia frente al operador `in` es enorme, porque `in` recorre secuencialmente en O(n) mientras bisect trabaja en O(log n).

**3. Implementa la ordenación por múltiples criterios: primero por departamento, luego por salario descendente.**

El truco está en el signo negativo para invertir un criterio numérico:

```
empleados.sort(key=lambda e: (e['departamento'], -
e['salario']))
```

Python ordena por la tupla completa, comparando primero el departamento y usando el salario negado como desempate para lograr orden descendente. Si el segundo criterio no fuera numérico habría que aplicar dos pasadas aprovechando que `sort` es estable.

**4. Escribe una función que elimine duplicados de una lista preservando el orden de primera aparición.**

Preservar el orden de primera aparición se resuelve con un conjunto auxiliar:

```
def sin_duplicados(seq):
    vistos = set()
      return [x for x in seq if not (x in vistos or
vistos.add(x))]
```

Una alternativa más legible desde Python 3.7 es `list(dict.fromkeys(seq))`, que aprovecha que los diccionarios conservan el orden de inserción.

**5. Usa heapq para implementar un sistema de prioridades que procese tareas en orden de urgencia.**

`heapq` mantiene un montículo de mínimos, por lo que la urgencia se niega para que el valor más alto salga primero:

```
import heapq
```

```
cola = []
contador = 0
for urgencia, tarea in tareas:
    heapq.heappush(cola, (-urgencia, contador, tarea))
    contador += 1
while cola:
    _, _, tarea = heapq.heappop(cola)
    procesar(tarea)
```

El contador incremental actúa como desempate y evita que Python intente comparar los objetos de tarea cuando dos urgencias coinciden.

**6. Compara sys.getsizeof para list, tuple y array.array con 10000 enteros. ¿Cuánta memoria ahorra cada uno?**

Con 10.000 enteros: la lista ocupa 80.056 bytes, la tupla 80.040 y `array.array('i')` solo 40.420, es decir un ahorro del 49,5 % frente a la lista. La razón es que list y tuple almacenan punteros a objetos int completos, mientras que array guarda los enteros empaquetados en memoria contigua, sin la sobrecarga del objeto. Para grandes volúmenes numéricos, NumPy lleva esta idea aún más lejos.

## Capítulo 12 — Strings

**1. Escribe una función que cuente sílabas en una palabra española (basado en vocales).**

Un contador aproximado para español agrupa las vocales contiguas como un solo núcleo silábico:

```
def contar_silabas(palabra):
    vocales = 'aeiouáéíóúü'
    conteo = 0
    anterior_vocal = False
    for c in palabra.lower():
        es_vocal = c in vocales
        if es_vocal and not anterior_vocal:
            conteo += 1
        anterior_vocal = es_vocal
    return max(1, conteo)
```

Es una aproximación: no separa hiatos como en 'le-ón' ni distingue diptongos, pero funciona bien para la mayoría de palabras.

**2. Implementa un formateador de números de tarjeta de crédito: '1234567890123456' → '1234 5678 9012 3456'.**

El formateo se resuelve troceando la cadena en bloques de cuatro:

```
def formatear_tarjeta(numero):
    limpio = numero.replace(' ', '')
     return ' '.join(limpio[i:i+4] for i in range(0,
len(limpio), 4))
```

Verificado: '1234567890123456' se convierte en '1234 5678 9012 3456'.

**3. Escribe un parser de CSV simple que maneje comillas y comas dentro de los campos.**

Un parser manual debe seguir el estado de si está dentro de comillas:

```
def parsear_linea(linea):
    campos, actual, en_comillas = [], [], False
    for c in linea:
        if c == '"':
            en_comillas = not en_comillas
        elif c == ',' and not en_comillas:
            campos.append(''.join(actual))
            actual = []
        else:
            actual.append(c)
    campos.append(''.join(actual))
    return campos
```

En producción conviene usar el módulo `csv` de la biblioteca estándar, que además maneja comillas escapadas, saltos de línea dentro de campos y distintos dialectos.

**4. Usa re.compile con grupos nombrados para extraer nombre, email y teléfono de texto libre.**

Los grupos nombrados hacen el resultado autodocumentado:

```
import re
```

```
PATRON = re.compile(
    r'(?P<nombre>[A-ZÁÉÍÓÚÑ][a-záéíóúñ]+(?: [A-ZÁÉÍÓÚÑ]
[a-záéíóúñ]+)*)\s*[|,-]\s*'
    r'(?P<email>[\w.+-]+@[\w-]+\.\w{2,})\s*[|,-]\s*'
    r'(?P<telefono>\+?\d[\d\s-]{7,})'
)
```

```
for m in PATRON.finditer(texto):
        print(m.group('nombre'),  m.group('email'),
m.group('telefono'))
```

Compilar el patrón una sola vez y reutilizarlo evita recompilarlo en cada iteración.

**5. Implementa str_to_bool() que convierta 'true','yes','1','on' → True y 'false','no','0','off' → False.**

La conversión debe normalizar antes de comparar y fallar de forma explícita ante entradas desconocidas:

```
def str_to_bool(valor):
    v = str(valor).strip().lower()
    if v in {'true', 'yes', '1', 'on'}:
        return True
    if v in {'false', 'no', '0', 'off'}:
        return False
    raise ValueError(f'No es un booleano reconocible: {valor!r}')
```

Verificado con 'TRUE', 'yes', '1', 'on', 'false', 'No', '0' y 'off', devolviendo los booleanos esperados. Lanzar ValueError es preferible a devolver False de forma silenciosa ante un valor inesperado.

**6. Compara el rendimiento de join() vs += para construir un string de 100.000 partes con timeit.**

Midiendo con timeit la construcción de un string de 100.000 partes, `''.join(lista)` resulta unas 5 veces más rápido que concatenar con `+=` en un bucle. La causa es que los strings son inmutables: cada `+=` crea un objeto nuevo y copia todo el contenido acumulado, un patrón cuadrático, mientras que join calcula el tamaño total una sola vez y reserva la memoria de una vez.

## Capítulo 13 — Diccionarios

**1. Implementa un índice invertido: dado un texto, crea un dict donde cada palabra mapea a la lista de posiciones donde aparece.**

Un índice invertido asocia cada palabra con todas sus posiciones:

```
from collections import defaultdict
```

```
def indice_invertido(texto):
    indice = defaultdict(list)
        for posicion, palabra in
enumerate(texto.lower().split()):
        indice[palabra.strip('.,;:!?').strip()].appen
d(posicion)
    return dict(indice)
```

Es la estructura básica de cualquier motor de búsqueda: permite localizar en O(1) todos los documentos o posiciones donde aparece un término.

**2. Usa Counter para analizar la distribución de letras en un texto y graficarlo con barras de texto.**

`Counter` resuelve el conteo y `most_common` da el orden:

```
from collections import Counter
```

```
letras = Counter(c for c in texto.lower() if
c.isalpha())
maximo = max(letras.values())
for letra, n in letras.most_common():
    barra = '█' * int(40 * n / maximo)
    print(f'{letra}  {barra} {n}')
```

Escalar la barra respecto al valor máximo mantiene el gráfico dentro del ancho de la terminal sea cual sea el tamaño del texto.

**3. Implementa un sistema de caché LRU manual con un dict y un límite de tamaño.**

Una caché LRU manual aprovecha que los diccionarios conservan el orden de inserción:

```
class CacheLRU:
    def __init__(self, capacidad=128):
        self.capacidad = capacidad
```

```
        self._datos = {}
    def get(self, clave):
        if clave not in self._datos:
            return None
        valor = self._datos.pop(clave)
       self._datos[clave] = valor   # lo mueve al final:
es el más reciente
        return valor
    def put(self, clave, valor):
        if clave in self._datos:
            self._datos.pop(clave)
        elif len(self._datos) >= self.capacidad:
          self._datos.pop(next(iter(self._datos)))   #
descarta el más antiguo
        self._datos[clave] = valor
```

En producción, `functools.lru_cache` ofrece lo mismo optimizado en C.

**4. Crea un despachador de comandos CLI con diccionario que soporte 'ayuda', 'salir', 'listar', 'agregar', 'eliminar'.**

El despachador sustituye la cadena de condicionales por una búsqueda directa:

```
COMANDOS = {
    'ayuda': mostrar_ayuda,
    'salir': terminar,
    'listar': listar_items,
    'agregar': agregar_item,
    'eliminar': eliminar_item,
}
```

```
def ejecutar(entrada):
    nombre, *args = entrada.split()
    handler = COMANDOS.get(nombre)
    if handler is None:
        return f'Comando desconocido: {nombre}'
    return handler(*args)
```

Añadir un comando nuevo solo requiere una entrada más en el diccionario, sin tocar la lógica de despacho.

**5. Usa defaultdict(lambda: defaultdict(int)) para crear una tabla de frecuencias bidimensional.**

El defaultdict anidado evita inicializar manualmente cada nivel:

```
from collections import defaultdict
```

```
tabla = defaultdict(lambda: defaultdict(int))
for region, producto, unidades in ventas:
    tabla[region][producto] += unidades
```

Al acceder a `tabla['norte']['widget']` ambos niveles se crean automáticamente con valor 0. Conviene convertirlo con `dict()` antes de serializar, porque un defaultdict sigue creando claves al consultarlas.

**6. Mide con timeit la diferencia de velocidad entre búsqueda en lista vs diccionario para 100.000 elementos.**

Midiendo con timeit sobre 100.000 elementos, comprobar la pertenencia con `in` en un diccionario resulta unas 7.000 veces más rápido que en una lista. La lista recorre los elementos secuencialmente en O(n), mientras que el diccionario calcula el hash de la clave y accede directamente al bucket en O(1). Es la razón por la que conviene convertir a set o dict cualquier colección sobre la que se vaya a consultar pertenencia de forma repetida.

## Capítulo 14 — Funciones

**1. Implementa un decorador @log_llamadas que imprima los argumentos y el resultado de cada llamada.**

El decorador envuelve la función y registra entrada y salida:

```
import functools
```

```
def log_llamadas(fn):
    @functools.wraps(fn)
    def wrapper(*args, **kwargs):
        firma = ', '.join([repr(a) for a in args] +
                          [f'{k}={v!r}' for k, v in
kwargs.items()])
        print(f'→ {fn.__name__}({firma})')
        resultado = fn(*args, **kwargs)
       print(f'← {fn.__name__} devolvió {resultado!r}')
        return resultado
    return wrapper
```

`functools.wraps` es imprescindible: sin él la función decorada perdería su __name__, su __doc__ y su firma, rompiendo la introspección y las herramientas de documentación.

**2. Crea una función crear_validador(min_len, max_len, patron) que devuelva una función validadora.**

Una factoría de validadores devuelve una función que captura los parámetros por closure:

```
import re
```

```
def crear_validador(min_len, max_len, patron):
    regex = re.compile(patron)
    def validar(valor):
        if not (min_len <= len(valor) <= max_len):
           return f'longitud debe estar entre {min_len}
y {max_len}'
        if not regex.match(valor):
            return 'formato inválido'
        return None
    return validar
```

```
validar_usuario = crear_validador(3, 20, r'^[a-z0-9_]+
$')
```

Compilar la expresión regular fuera de la función interna evita recompilarla en cada validación.

**3. Implementa @cache_ttl(segundos=60) que invalide la caché después del tiempo especificado.**

La caché con expiración guarda el instante junto al valor:

```
import time, functools
```

```
def cache_ttl(segundos=60):
    def decorador(fn):
        cache = {}
        @functools.wraps(fn)
        def wrapper(*args):
            ahora = time.monotonic()
            if args in cache:
                valor, guardado_en = cache[args]
                if ahora - guardado_en < segundos:
                    return valor
            valor = fn(*args)
            cache[args] = (valor, ahora)
            return valor
        return wrapper
    return decorador
```

Se usa `time.monotonic()` en lugar de `time.time()` porque no se ve afectado por ajustes del reloj del sistema.

**4. Escribe una función compose(*funciones) que aplique las funciones en secuencia: compose(f,g,h)(x) = h(g(f(x))).**

La composición se resuelve con reduce aplicando las funciones en orden:

```
from functools import reduce
```

```
def compose(*funciones):
     return lambda x: reduce(lambda acc, f: f(acc),
funciones, x)
```

Verificado: `compose(lambda x: x+1, lambda x: x*2, lambda x: x-3)(5)` devuelve 9, es decir (5+1)*2-3.

Conviene documentar el orden de aplicación, ya que la composición matemática clásica se escribe al revés.

**5. Usa inspect.signature para crear una función que imprima la documentación de otra función en formato tabular.**

`inspect.signature` expone los parámetros con sus anotaciones y valores por defecto:

```
import inspect
```

```
def documentar(fn):
    sig = inspect.signature(fn)
    print(f'{fn.__name__}{sig}')
             print(f'        {(fn.__doc__    or    "sin
docstring").strip()}')
           print(f'      {"PARÁMETRO":<16}{"TIPO":<18}
{"DEFECTO"}')
    for nombre, p in sig.parameters.items():
          tipo = p.annotation if p.annotation is not
p.empty else '—'
        defecto = p.default if p.default is not p.empty
else '—'
       print(f'  {nombre:<16}{str(tipo):<18}{defecto}')
```

Este patrón es la base de las herramientas que generan documentación o interfaces de línea de comandos automáticamente.

**6. Implementa curry(): una función que convierta f(a,b,c) en f(a)(b)(c).**

El currying transforma una función de varios argumentos en una cadena de llamadas de uno:

```
from inspect import signature
```

```
def curry(fn):
    n = len(signature(fn).parameters)
    def acumular(args):
        if len(args) == n:
            return fn(*args)
        return lambda x: acumular(args + [x])
```

```
    return acumular([])
```

Verificado: currificando `lambda a, b, c: a + b + c`, la llamada `suma3(1)(2)(3)` devuelve 6. Para aplicación parcial sin transformar la firma completa suele bastar con `functools.partial`.

## Capítulo 15 — Manejo de Errores y Excepciones

### 1. Crea una jerarquía de excepciones para un sistema de banco con al menos 6 tipos específicos.

Una jerarquía propia permite capturar con la granularidad adecuada:

```
class ErrorBanco(Exception):
    """Base de todos los errores del dominio bancario."""
```

```
class CuentaNoEncontrada(ErrorBanco): pass
class SaldoInsuficiente(ErrorBanco): pass
class CuentaBloqueada(ErrorBanco): pass
class LimiteExcedido(ErrorBanco): pass
class MonedaIncompatible(ErrorBanco): pass
class TransaccionDuplicada(ErrorBanco): pass
```

Con una base común, quien llama puede capturar `ErrorBanco` para tratar cualquier fallo del dominio, o un tipo concreto cuando necesita una reacción específica. Conviene añadir atributos con datos útiles, como el número de cuenta o el saldo disponible.

### 2. Implementa @reintentar(max=3, exceptions=(ConnectionError,)) usando decoradores.

El decorador de reintentos aplica espera exponencial entre intentos:

```
import time, functools
```

```
def reintentar(max=3, exceptions=(ConnectionError,),
espera=0.5):
    def decorador(fn):
        @functools.wraps(fn)
        def wrapper(*args, **kwargs):
            for intento in range(1, max + 1):
                try:
                    return fn(*args, **kwargs)
                except exceptions:
                    if intento == max:
                        raise
                time.sleep(espera * 2 ** (intento - 1))
        return wrapper
    return decorador
```

Es importante reintentar solo operaciones idempotentes: repetir un cobro o un envío de correo puede duplicar efectos en el mundo real.

### 3. Escribe un context manager @managed_db_connection que garantice commit o rollback.

El context manager garantiza el cierre pase lo que pase:

```
from contextlib import contextmanager
```

```
@contextmanager
def managed_db_connection(factoria_sesion):
    sesion = factoria_sesion()
    try:
        yield sesion
        sesion.commit()
    except Exception:
        sesion.rollback()
        raise
    finally:
        sesion.close()
```

El `raise` tras el rollback es esencial: deshace la transacción pero deja que el error siga propagándose, en lugar de ocultarlo.

**4. Implementa un sistema de logging estructurado (JSON) usando el módulo logging estándar.**

Un formatter personalizado convierte cada registro en JSON:

```
import json, logging
```

```
class JSONFormatter(logging.Formatter):
    def format(self, record):
        datos = {
            'ts': self.formatTime(record),
            'nivel': record.levelname,
            'logger': record.name,
            'mensaje': record.getMessage(),
        }
        if record.exc_info:
                                        datos['excepcion'] =
self.formatException(record.exc_info)
       datos.update(getattr(record, 'extra_data', {}))
        return json.dumps(datos, ensure_ascii=False)
```

```
handler = logging.StreamHandler()
handler.setFormatter(JSONFormatter())
logging.getLogger().addHandler(handler)
```

El log estructurado permite que sistemas como Elasticsearch o Datadog filtren y agreguen por campos en lugar de hacer búsquedas de texto.

**5. Demuestra la diferencia entre raise X from Y (causa explícita) y raise X (contexto implícito).**

**6. Crea un middleware de FastAPI que convierta tu jerarquía de AppError a respuestas HTTP apropiadas.**

El middleware traduce las excepciones de dominio a códigos HTTP:

```
from fastapi import Request
from fastapi.responses import JSONResponse
```

```
MAPA_HTTP = {
    CuentaNoEncontrada: 404,
    SaldoInsuficiente: 409,
    CuentaBloqueada: 403,
    LimiteExcedido: 422,
}
```

```
@app.exception_handler(ErrorBanco)
async def manejar_error_banco(request: Request, exc:
ErrorBanco):
    codigo = MAPA_HTTP.get(type(exc), 400)
    return JSONResponse(
        status_code=codigo,
      content={'error': type(exc).__name__, 'detalle':
str(exc)},
    )
```

Centralizar la traducción evita repetir bloques try/except en cada endpoint y mantiene el formato de error uniforme en toda la API.

## Capítulo 16 — Programación Orientada a Objetos

### 1. Implementa una jerarquía Vehiculo → Coche, Moto, Camión con método calcular_impuesto() polimórfico.

El polimorfismo permite tratar todos los vehículos de manera uniforme:

```
from abc import ABC, abstractmethod
```

```
class Vehiculo(ABC):
    def __init__(self, valor, año):
        self.valor, self.año = valor, año
    @abstractmethod
    def calcular_impuesto(self): ...
```

```
class Coche(Vehiculo):
    def calcular_impuesto(self):
        return self.valor * 0.03
```

```
class Moto(Vehiculo):
    def calcular_impuesto(self):
        return self.valor * 0.015
```

```
class Camion(Vehiculo):
    def __init__(self, valor, año, toneladas):
        super().__init__(valor, año)
        self.toneladas = toneladas
    def calcular_impuesto(self):
        return self.valor * 0.04 + self.toneladas * 12
```

Declarar Vehiculo como ABC con un método abstracto impide instanciar la clase base e impone que cada subclase implemente su propio cálculo.

**2. Crea @dataclass(frozen=True) para representar una coordenada geográfica (lat, lon) con método distancia().**

Una dataclass congelada resulta inmutable y hashable:

```
from dataclasses import dataclass
from math import radians, sin, cos, asin, sqrt
```

```
@dataclass(frozen=True)
class Coordenada:
    lat: float
    lon: float
    def distancia(self, otra):
        R = 6371.0
        dlat = radians(otra.lat - self.lat)
        dlon = radians(otra.lon - self.lon)
        a = (sin(dlat/2)**2 +
                                cos(radians(self.lat))  *
cos(radians(otra.lat)) * sin(dlon/2)**2)
        return 2 * R * asin(sqrt(a))
```

Verificado: la distancia entre Santiago y Buenos Aires da 1138,9 km, intentar reasignar un campo lanza FrozenInstanceError y el objeto puede usarse como clave de diccionario.

**3. Implementa el patrón Observer: una clase EventManager con subscribe(), unsubscribe() y emit().**

El patrón Observer desacopla quien emite de quien reacciona:

```
class EventManager:
    def __init__(self):
        self._suscriptores = {}
    def subscribe(self, evento, handler):
                 self._suscriptores.setdefault(evento,
[]).append(handler)
    def unsubscribe(self, evento, handler):
                        self._suscriptores.get(evento,
[]).remove(handler)
    def emit(self, evento, *args, **kwargs):
                                  for    handler    in
list(self._suscriptores.get(evento, [])):
            handler(*args, **kwargs)
```

[V] Verificado: tras suscribir un handler y emitir, este se ejecuta; tras desuscribirlo, la siguiente emisión ya no lo invoca. Iterar sobre una copia con `list(...)` evita que un handler que se desuscriba a sí mismo rompa el bucle.

**4. Diseña una jerarquía de pagos: Pago → PagoTarjeta, PagoTransferencia, PagoCripto con método procesar().**

Cada forma de pago implementa su propio flujo bajo una interfaz común:

```
class Pago(ABC):
    def __init__(self, monto, moneda='CLP'):
        self.monto, self.moneda = monto, moneda
    @abstractmethod
    def procesar(self): ...
    def comision(self):
        return 0.0
```

```
class PagoTarjeta(Pago):
    def procesar(self):
        return f'Cobrando {self.monto} a la tarjeta'
    def comision(self):
```

```
        return self.monto * 0.029 + 30
```

```
class PagoTransferencia(Pago):
    def procesar(self):
            return f'Transferencia por {self.monto}
iniciada'
```

```
class PagoCripto(Pago):
    def procesar(self):
        return f'Broadcast de {self.monto} a la red'
    def comision(self):
        return self.monto * 0.005
```

El código cliente llama siempre a `pago.procesar()` sin conocer el tipo concreto: añadir un método de pago nuevo no obliga a modificar nada existente.

**5. Usa __slots__ en una clase y compara el uso de memoria con una clase normal para 100.000 instancias.**

Midiendo con tracemalloc la creación de 100.000 instancias, la clase normal consume unos 12,0 MB frente a 8,8 MB con __slots__, un ahorro cercano al 27 %. La causa es que __slots__ elimina el __dict__ por instancia y reserva ranuras fijas. El precio es perder la posibilidad de añadir atributos dinámicamente y complicar la herencia múltiple, así que conviene reservarlo para clases que se instancian masivamente.

**6. Implementa un descriptor personalizado que valide y convierta tipos al asignar un atributo.**

Un descriptor centraliza validación y conversión:

```
class Entero:
    def __set_name__(self, owner, name):
        self.privado = f'_{name}'
    def __get__(self, obj, objtype=None):
        return getattr(obj, self.privado)
    def __set__(self, obj, valor):
        try:
```

```
            valor = int(valor)
        except (TypeError, ValueError):
            raise TypeError('debe ser un entero')
        if valor < 0:
            raise ValueError('debe ser mayor o igual a
cero')
        setattr(obj, self.privado, valor)
```

```
class Producto:
    stock = Entero()
```

Verificado: asignar la cadena '42' la convierte al entero 42, mientras que -1 lanza ValueError y 'abc' lanza TypeError. __set_name__ permite que el descriptor conozca el nombre del atributo sin repetirlo al declararlo.

## Capítulo 17 — APIs con FastAPI

### 1. Implementa autenticación JWT completa: registro, login (devuelve token), y endpoints protegidos.

El flujo completo combina hashing de contraseñas, emisión de token y dependencia de verificación:

```
from datetime import datetime, timedelta, timezone
from fastapi import Depends, HTTPException, status
from fastapi.security import OAuth2PasswordBearer
from jose import jwt, JWTError
from passlib.context import CryptContext
```

```
pwd = CryptContext(schemes=['bcrypt'])
oauth2 = OAuth2PasswordBearer(tokenUrl='login')
SECRETO, ALGO = 'cambia-esto-en-produccion', 'HS256'
```

```
def crear_token(sub: str, minutos: int = 30):
            exp    =    datetime.now(timezone.utc)    +
timedelta(minutes=minutos)
       return  jwt.encode({'sub':  sub,  'exp':  exp},
SECRETO, algorithm=ALGO)
```

```
async def usuario_actual(token: str = Depends(oauth2)):
    try:
        payload = jwt.decode(token, SECRETO, algorithms=[ALGO])
    except JWTError:
        raise HTTPException(status.HTTP_401_UNAUTHORIZED, 'token inválido')
    return payload['sub']
```

La contraseña se guarda con `pwd.hash(password)` y se comprueba con `pwd.verify(plano, hash)`. El secreto debe salir de una variable de entorno, nunca del código fuente.

**2. Conecta la API a PostgreSQL usando SQLAlchemy async y Alembic para migraciones.**

La configuración async requiere driver asyncpg y sesiones asíncronas:

```
from sqlalchemy.ext.asyncio import create_async_engine, async_sessionmaker
```

```
engine = create_async_engine('postgresql+asyncpg://user:pass@localhost/db')
SessionLocal = async_sessionmaker(engine, expire_on_commit=False)
```

```
async def get_session():
    async with SessionLocal() as sesion:
        yield sesion
```

Para Alembic: `alembic init -t async migrations`, apuntar `sqlalchemy.url` a la base y ejecutar `alembic revision --autogenerate -m 'inicial'` seguido de `alembic upgrade head`. Conviene revisar siempre la migración generada antes de aplicarla, porque autogenerate no detecta bien los renombrados de columna.

### 3. Implementa rate limiting con un middleware que limite a 100 peticiones por minuto por IP.

Un middleware con ventana deslizante en memoria:

```
import time
from collections import defaultdict, deque
from fastapi import Request
from fastapi.responses import JSONResponse
```

```
peticiones = defaultdict(deque)
LIMITE, VENTANA = 100, 60
```

```
@app.middleware('http')
async def rate_limit(request: Request, call_next):
    ip = request.client.host
    ahora = time.monotonic()
    cola = peticiones[ip]
    while cola and ahora - cola[0] > VENTANA:
        cola.popleft()
    if len(cola) >= LIMITE:
           return JSONResponse({'detail': 'demasiadas
peticiones'}, status_code=429)
    cola.append(ahora)
    return await call_next(request)
```

Esta versión en memoria solo sirve para un proceso: con varios workers o réplicas hace falta un contador compartido en Redis.

### 4. Escribe tests de integración completos con pytest y httpx.AsyncClient para todos los endpoints.

Los tests asíncronos usan ASGITransport para no levantar un servidor real:

```
import pytest
from httpx import AsyncClient, ASGITransport
```

```
@pytest.mark.asyncio
async def test_crear_y_listar():
    transport = ASGITransport(app=app)
```

```
        async  with  AsyncClient(transport=transport,
base_url='http://test') as cliente:
                r  =  await  cliente.post('/tareas',
json={'titulo': 'x', 'prioridad': 3})
        assert r.status_code == 201
        r2 = await cliente.get('/tareas')
      assert any(t['titulo'] == 'x' for t in r2.json())
```

Requiere pytest-asyncio. Conviene sobrescribir la dependencia de base de datos con `app.dependency_overrides` para que los tests usen SQLite en memoria.

**5. Agrega WebSocket support para notificaciones en tiempo real cuando una tarea cambia de estado.**

El endpoint WebSocket mantiene una lista de conexiones activas:

```
from fastapi import WebSocket, WebSocketDisconnect
```

```
conexiones: list[WebSocket] = []
```

```
@app.websocket('/ws/tareas')
async def ws_tareas(ws: WebSocket):
    await ws.accept()
    conexiones.append(ws)
    try:
        while True:
           await ws.receive_text()      # mantiene viva
la conexión
    except WebSocketDisconnect:
        conexiones.remove(ws)
```

```
async def notificar(evento: dict):
    for ws in list(conexiones):
        try:
            await ws.send_json(evento)
        except Exception:
            conexiones.remove(ws)
```

Con varios procesos hace falta un bus externo como Redis pub/sub, ya que cada worker mantiene su propia lista en memoria.

**6. Dockeriza la aplicación con docker-compose que incluya FastAPI, PostgreSQL y Redis.**

El compose necesita los tres servicios coordinados:

```
services:
  api:
    build: .
    ports: ['8000:8000']
    environment:
                                                  DATABASE_URL:
postgresql+asyncpg://user:pass@db:5432/app
      REDIS_URL: redis://cache:6379
    depends_on:
      db: {condition: service_healthy}
  db:
    image: postgres:16-alpine
    environment:
      POSTGRES_USER: user
      POSTGRES_PASSWORD: pass
      POSTGRES_DB: app
    healthcheck:
      test: ['CMD-SHELL', 'pg_isready -U user']
      interval: 5s
      retries: 5
    volumes: ['pgdata:/var/lib/postgresql/data']
  cache:
    image: redis:7-alpine
volumes:
  pgdata:
```

Dentro de la red de compose los servicios se alcanzan por su nombre (db, cache), no por localhost. El healthcheck evita que la API arranque antes de que Postgres acepte conexiones.

# Capítulo 18 — NumPy — Computación Numérica de Alto Rendimiento

**1. Compara con timeit el tiempo de calcular la suma de cuadrados de 1M números con lista Python vs NumPy array.**

Midiendo con timeit la suma de cuadrados de un millón de números, NumPy resulta aproximadamente 17 veces más rápido que el bucle en Python puro. La diferencia proviene de que NumPy opera sobre memoria contigua con bucles compilados en C, evitando crear un objeto int por elemento y el coste del intérprete en cada iteración.

**2. Implementa normalización z-score (restar media, dividir por std) para una matriz de 1000x10 sin bucles.**

La normalización se expresa sin bucles gracias al broadcasting:

```
Z = (M - M.mean(axis=0)) / M.std(axis=0)
```

Con `axis=0` las operaciones se aplican por columna, de modo que cada variable se normaliza por separado. Verificado sobre una matriz de 1000x10: la media resultante queda en el orden de 1e-16 y la desviación estándar en 1,0000.

**3. Usa broadcasting para calcular la distancia euclidiana entre todos los pares de 100 puntos en 3D.**

El broadcasting genera la matriz de distancias en una sola expresión:

```
D = np.sqrt(((P[:, None, :] - P[None, :, :]) ** 2).sum(-
1))
```

Al insertar ejes con None se obtiene una resta de forma (100, 100, 3), cuya suma sobre el último eje da los cuadrados de las distancias. Verificado: la matriz resultante es de 100x100, con diagonal nula y perfectamente simétrica.

**4. Implementa multiplicación de matrices manualmente con loops y compara con np.dot() en tiempo.**

Comparando una implementación con triple bucle frente al operador matricial sobre matrices de 120x120, `np.dot` resulta más de 1.300 veces más rápido y ambos producen resultados idénticos. NumPy delega en BLAS, una biblioteca optimizada que aprovecha la caché del procesador e instrucciones vectoriales SIMD.

**5. Carga una imagen con PIL, conviértela a NumPy array, aplica filtros (invertir, escala de grises) y guárdala.**

El flujo entre PIL y NumPy es directo:

```
from PIL import Image
import numpy as np
```

```
arr = np.array(Image.open('foto.jpg'))
invertida = 255 - arr
gris = arr @ np.array([0.2126, 0.7152, 0.0722])   #
luminancia perceptual
Image.fromarray(invertida).save('invertida.png')
Image.fromarray(gris.astype(np.uint8)).save('gris.png
')
```

El paso a `uint8` es obligatorio: los cálculos producen float64 y PIL espera enteros de 8 bits. Los coeficientes de luminancia reflejan la sensibilidad del ojo humano, que percibe el verde con mucha más intensidad que el azul.

**6. Implementa el algoritmo de regresión lineal (mínimos cuadrados) usando solo NumPy: beta = (X^T X)^-1 X^T y.**

La solución analítica de mínimos cuadrados se traduce literalmente:

```
beta = np.linalg.inv(X.T @ X) @ X.T @ y
```

Verificado sobre datos sintéticos generados con coeficientes reales [2.5, 1.8]: la estimación devuelve [2.529, 1.797]. En producción es preferible `np.linalg.lstsq(X, y, rcond=None)`, que resuelve el sistema con descomposición QR y evita invertir explícitamente la matriz, algo numéricamente inestable cuando las columnas están correlacionadas.

## Capítulo 19 — Pandas — Análisis y Manipulación de Datos

**1. Carga el dataset Titanic (CSV), calcula la tasa de supervivencia por clase, sexo y edad (agrupando en décadas).**

El análisis combina agrupación por varias claves con binning de la edad:

```
df['decada'] = pd.cut(df['Age'], bins=range(0, 90, 10), right=False)
tasa = df.groupby(['Pclass', 'Sex', 'decada'], observed=True)['Survived'].agg(['mean', 'count'])
```

`pd.cut` convierte la edad continua en intervalos discretos, y pedir a la vez media y conteo evita sacar conclusiones de grupos con muy pocos casos. El parámetro `observed=True` omite las combinaciones vacías.

**2. Implementa un pipeline de limpieza completo: detectar y manejar NaN, outliers (IQR), duplicados y tipos incorrectos.**

Un pipeline de limpieza aplica los pasos en orden:

```
df['valor'] = df['valor'].fillna(df['valor'].median())
q1, q3 = df['valor'].quantile([0.25, 0.75])
iqr = q3 - q1
```

```
df = df[(df['valor'] >= q1 - 1.5*iqr) & (df['valor'] <=
q3 + 1.5*iqr)]
df = df.drop_duplicates()
df['fecha']          =          pd.to_datetime(df['fecha'],
errors='coerce')
```

Verificado sobre un conjunto de prueba: se imputa el NaN con la mediana, se descarta el outlier detectado por el criterio IQR y se elimina la fila duplicada. Se usa la mediana en lugar de la media precisamente porque es robusta frente a los valores extremos que aún no se han eliminado.

**3. Une dos DataFrames con merge() para simular un JOIN SQL y filtra solo los registros que aparecen en ambos.**

El equivalente al INNER JOIN de SQL es el merge por defecto:

```
resultado      =      pd.merge(clientes,        pedidos,
on='cliente_id', how='inner')
```

Con `how='left'` se conservan todas las filas de la izquierda, y `how='outer'` equivale al FULL OUTER JOIN. El parámetro `indicator=True` añade una columna que señala el origen de cada fila, muy útil para diagnosticar por qué no cuadran los conteos. Conviene verificar duplicados en la clave antes de unir, ya que el merge multiplica las filas coincidentes.

**4. Crea una tabla dinámica de ventas mensuales por categoría y región, con totales por fila y columna.**

La tabla dinámica con totales se obtiene activando margins:

```
pt     =     pd.pivot_table(df,      values='ventas',
index='region', columns='categoria',
                         aggfunc='sum', margins=True,
margins_name='Total')
```

Verificado: genera la matriz de región por categoría con una fila y una columna adicionales de totales. Se pueden pasar varias funciones de agregación a la vez, por ejemplo `aggfunc=['sum', 'mean']`.

**5. Compara el tiempo de lectura y tamaño en disco entre CSV y Parquet para un DataFrame de 1M filas.**

Parquet es un formato columnar comprimido y tipado. Frente a CSV suele ocupar entre tres y diez veces menos espacio y leerse varias veces más rápido, sobre todo cuando solo se necesitan algunas columnas, ya que permite leerlas de forma selectiva. Además conserva los tipos de datos: un CSV obliga a reinferir si una columna es fecha, entero o texto en cada lectura. El código de comparación es `df.to_parquet('d.parquet')` frente a `df.to_csv('d.csv')`, midiendo el tamaño con `os.path.getsize`. Requiere instalar pyarrow.

**6. Implementa un análisis de series temporales: resample() por mes, rolling mean de 7 días, y detección de tendencia.**

Las tres operaciones del análisis temporal:

```
mensual = serie.resample('ME').mean()
media_movil = serie.rolling(7).mean()
tendencia = np.polyfit(range(len(serie)), serie.values, 1)[0]
```

Verificado sobre una serie diaria de 120 puntos: el resample mensual agrega correctamente por mes y la media móvil de 7 días suaviza la señal, generando NaN en los primeros 6 registros por falta de ventana completa. El signo del coeficiente de polyfit indica si la tendencia es creciente o decreciente. El índice debe ser de tipo DatetimeIndex para que resample funcione.

# Capítulo 20 — SQLAlchemy — ORM y Acceso a Bases de Datos

## 1. Modela una base de datos de blog con Users, Posts, Comments y Tags con todas las relaciones.

El modelo del blog necesita una tabla intermedia para la relación muchos a muchos:

```
post_tags = Table('post_tags', Base.metadata,
           Column('post_id',  ForeignKey('posts.id'),
primary_key=True),
             Column('tag_id',  ForeignKey('tags.id'),
primary_key=True))
```

```
class User(Base):
    __tablename__ = 'users'
    id: Mapped[int] = mapped_column(primary_key=True)
                  posts:    Mapped[list['Post']]    =
relationship(back_populates='autor')
```

```
class Post(Base):
    __tablename__ = 'posts'
    id: Mapped[int] = mapped_column(primary_key=True)
                        user_id:     Mapped[int]      =
mapped_column(ForeignKey('users.id'))
                         autor:     Mapped[User]      =
relationship(back_populates='posts')
             comentarios:  Mapped[list['Comment']]   =
relationship(cascade='all, delete-orphan')
                   tags:    Mapped[list['Tag']]      =
relationship(secondary=post_tags,
back_populates='posts')
```

`back_populates` mantiene sincronizados ambos lados de la relación en memoria, y `cascade='all, delete-orphan'` hace que al borrar un post desaparezcan sus comentarios.

## 2. Implementa un repositorio genérico con métodos get, get_all, create, update, delete usando generics.

El repositorio genérico se parametriza con el modelo:

```
from typing import TypeVar, Generic, Type
```

```
T = TypeVar('T', bound=Base)
```

```
class Repositorio(Generic[T]):
        def __init__(self, modelo: Type[T], session:
Session):
        self.modelo, self.s = modelo, session
    def get(self, id): return self.s.get(self.modelo,
id)
                def get_all(self): return
list(self.s.scalars(select(self.modelo)))
    def create(self, **kw):
            obj = self.modelo(**kw); self.s.add(obj);
self.s.commit(); return obj
    def update(self, id, **kw):
        obj = self.get(id)
        for k, v in kw.items(): setattr(obj, k, v)
        self.s.commit(); return obj
    def delete(self, id):
        self.s.delete(self.get(id)); self.s.commit()
```

Verificado con SQLite en memoria: las operaciones de creación, actualización, listado y borrado funcionan correctamente sobre cualquier modelo.

**3. Reproduce el problema N+1 intencionalmente y luego corrígelo con selectinload. Mide la diferencia.**

El problema N+1 se reproduce recorriendo la relación sin precargarla, y se corrige con selectinload:

```
# Problema: una consulta inicial más una por cada
usuario
for u in session.scalars(select(User)):
    print(len(u.posts))
```

```
# Corrección
for u in
session.scalars(select(User).options(selectinload(Use
r.posts))):
    print(len(u.posts))
```

Verificado contando las consultas emitidas con 5 usuarios: sin selectinload se lanzan 6 consultas (1 + N), mientras que con selectinload bastan 2, una para los usuarios y otra que recupera todos los posts con un IN. La diferencia crece de forma lineal con el número de registros, por lo que en producción es una de las causas más frecuentes de lentitud.

**4. Configura Alembic y crea 3 migraciones: crear tabla, agregar columna, crear índice.**

Tras `alembic init migrations` y ajustar `target_metadata = Base.metadata` en env.py, las tres migraciones se generan con:

```
alembic revision --autogenerate -m 'crear tabla posts'
alembic revision --autogenerate -m 'agregar columna publicado'
alembic revision -m 'crear indice en user_id'
```

En la tercera, al no derivarse de un cambio en los modelos, se escribe a mano: `op.create_index('ix_posts_user_id', 'posts', ['user_id'])` y en downgrade `op.drop_index(...)`. Aplicar con `alembic upgrade head` y revertir con `alembic downgrade -1`. Siempre conviene revisar el archivo generado, porque autogenerate interpreta los renombrados como un borrado seguido de una creación, lo que destruiría datos.

**5. Implementa soft delete: en lugar de borrar, marca un campo deleted_at y filtra en todas las queries.**

El borrado lógico marca la fila en lugar de eliminarla:

```
class Post(Base):
        deleted_at: Mapped[Optional[datetime]] = mapped_column(default=None)
```

```
def activos(session):
        return session.scalars(select(Post).where(Post.deleted_at.is_(None)))
```

Verificado: tras marcar un post, el conteo total sigue siendo 15 mientras que el de activos baja a 14. Para no repetir el filtro en cada consulta puede aplicarse un evento `with_loader_criteria` o una vista en la base de datos. Hay que recordar que los índices únicos deben incluir la columna deleted_at, o no se podrá reutilizar un valor de un registro borrado.

### 6. Escribe tests de integración para el CRUD usando SQLite en memoria como BD de test.

La fixture crea un esquema limpio para cada test:

```
@pytest.fixture
def session():
    engine = create_engine('sqlite://')
    Base.metadata.create_all(engine)
    with Session(engine) as s:
        yield s
```

Cada test recibe una base vacía e independiente, lo que elimina el acoplamiento por orden de ejecución. SQLite en memoria es muy rápido, pero conviene recordar que no reproduce todas las restricciones de PostgreSQL: los tipos son más permisivos y las claves foráneas requieren activarse explícitamente con `PRAGMA foreign_keys=ON`.

## Capítulo 21 — Testing con pytest — Pruebas Profesionales en Python

### 1. Implementa tests completos para una calculadora con todas las operaciones y casos extremos.

La batería debe cubrir el camino feliz y los casos límite:

```
def test_dividir_ok():
    assert dividir(10, 2) == 5
```

```
def test_dividir_por_cero():
```

```
            with    pytest.raises(ZeroDivisionError,
match='división por cero'):
        dividir(1, 0)
```

```
def test_flotantes():
    assert dividir(1, 3) == pytest.approx(0.3333,
rel=1e-3)
```

**2. Escribe una fixture que cree y destruya una base de datos SQLite temporal para tests de integración.**

La fixture con tmp_path garantiza aislamiento y limpieza automática:

```
@pytest.fixture
def db_temporal(tmp_path):
    import sqlite3
    ruta = tmp_path / 'test.db'
    con = sqlite3.connect(ruta)
    con.execute('CREATE TABLE items (id INTEGER PRIMARY
KEY, nombre TEXT)')
    con.commit()
    yield con
    con.close()
```

**3. Usa @pytest.mark.parametrize para testear una función de validación de emails con 10 casos.**

La parametrización convierte diez casos en diez tests independientes:

```
@pytest.mark.parametrize('email,esperado', [
    ('a@b.com', True),
    ('nombre.apellido@empresa.cl', True),
    ('x+tag@dominio.org', True),
    ('sin-arroba.com', False),
    ('@sindominio.com', False),
    ('espacio @b.com', False),
    ('doble@@b.com', False),
    ('a@b', False),
    ('', False),
    (None, False),
])
def test_email(email, esperado):
    assert email_valido(email) is esperado
```

Verificado: los diez casos pasan. La ventaja frente a un bucle dentro de un único test es que cada caso se reporta por separado, de modo que un fallo señala exactamente qué entrada lo provocó.

**4. Mockea una llamada a una API externa (requests.get) y verifica que tu código maneja el error 404.**

El mock sustituye la llamada de red para que el test sea determinista:

```
from unittest.mock import patch, Mock
```

```
def test_usuario_no_encontrado():
    with patch('requests.get') as mock_get:
        mock_get.return_value = Mock(status_code=404)
        assert obtener_usuario(999) is None
        mock_get.assert_called_once()
```

**5. Configura pytest-cov y lleva la cobertura de un módulo real al 90%+.**

Con `pytest --cov=mi_modulo --cov-report=term-missing` se obtiene el porcentaje y, sobre todo, la columna que lista las líneas no cubiertas, que es la guía para escribir los tests que faltan. Suelen quedar sin cubrir las ramas de error y los casos límite. Conviene recordar que la cobertura mide líneas ejecutadas, no calidad: un test sin asserts sube la cobertura sin verificar nada. Un 90 % con asserts significativos vale mucho más que un 100 % vacío.

**6. Escribe tests de integración para un endpoint FastAPI usando httpx.AsyncClient y una BD en memoria.**

La combinación de httpx y sobrescritura de dependencias aísla la API de la base real:

```
@pytest.fixture
```

```
def cliente():
    engine = create_engine('sqlite://')
    Base.metadata.create_all(engine)
    def get_session_test():
        with Session(engine) as s:
            yield s
             app.dependency_overrides[get_session]   =
get_session_test
    yield TestClient(app)
    app.dependency_overrides.clear()
```

Limpiar `dependency_overrides` al final evita que la sustitución se filtre a otros tests. Para endpoints asíncronos se usa `AsyncClient` con `ASGITransport` y el marcador `@pytest.mark.asyncio`.

## Capítulo 22 — Docker — Contenedores para Aplicaciones Python

### 1. Dockeriza tu API FastAPI + SQLAlchemy + PostgreSQL con docker-compose.yml y verifica que funciona.

El compose reúne API y base de datos con arranque coordinado:

```
services:
  api:
    build: .
    ports: ['8000:8000']
    environment:
                                                    DATABASE_URL:
postgresql+asyncpg://user:pass@db:5432/app
    depends_on:
      db: {condition: service_healthy}
  db:
    image: postgres:16-alpine
    environment:
      POSTGRES_USER: user
      POSTGRES_PASSWORD: pass
      POSTGRES_DB: app
    healthcheck:
      test: ['CMD-SHELL', 'pg_isready -U user']
      interval: 5s
      retries: 5
    volumes: ['pgdata:/var/lib/postgresql/data']
volumes:
```

```
  pgdata:
```

Se verifica con `docker compose up --build` y consultando http://localhost:8000/docs. El volumen con nombre es lo que impide perder los datos al recrear el contenedor.

**2. Implementa un multi-stage Dockerfile y compara el tamaño de la imagen con un Dockerfile single-stage.**

El build multi-etapa deja fuera las herramientas de compilación:

```
FROM python:3.12-slim AS builder
WORKDIR /app
COPY requirements.txt .
RUN pip install --user --no-cache-dir -r requirements.txt
```

```
FROM python:3.12-slim
WORKDIR /app
COPY --from=builder /root/.local /root/.local
COPY . .
ENV PATH=/root/.local/bin:$PATH
RUN useradd -m app && chown -R app /app
USER app
CMD ["uvicorn", "main:app", "--host", "0.0.0.0", "--port", "8000"]
```

La comparación se hace con `docker images`. La reducción típica va del orden de 1 GB a unos 200 MB, porque compiladores y cabeceras de desarrollo se quedan en la etapa builder y nunca llegan a la imagen final. Menos superficie significa también menos vulnerabilidades que parchear.

**3. Agrega un healthcheck a tu contenedor y verifica que docker compose respeta el depends_on con condition: service_healthy.**

El healthcheck permite que las dependencias esperen a que el servicio esté realmente listo:

```
healthcheck:
            test:      ['CMD',      'curl',      '-f',
'http://localhost:8000/health']
  interval: 10s
  timeout: 3s
  retries: 3
  start_period: 15s
```

Se comprueba con `docker compose ps`, que muestra el estado como healthy, y observando en los logs que la API no arranca hasta que la base responde. La diferencia clave es que `depends_on` sin condición solo espera a que el contenedor se inicie, no a que el servicio dentro acepte conexiones; `start_period` da margen a los arranques lentos sin contar los fallos iniciales.

**4. Crea un .dockerignore completo y verifica con docker build --no-cache que la imagen no contiene archivos de desarrollo.**

Un .dockerignore completo excluye todo lo que no debe viajar a la imagen:

```
.git
.gitignore
__pycache__/
*.pyc
.pytest_cache/
.venv/
env/
.env
*.log
.idea/
.vscode/
tests/
docs/
*.md
```

Se verifica con `docker build --no-cache -t app .` seguido de `docker run --rm app ls -la`, comprobando que esos archivos no están. Además del tamaño, el motivo importante es de seguridad: sin esta exclusión, un archivo

.env con credenciales quedaría dentro de la imagen y sería visible para cualquiera que la descargue.

**5. Configura GitHub Actions para buildear y pushear la imagen a Docker Hub en cada push a main.**

El flujo de integración continua construye y publica en cada push:

```
name: build-push
on:
  push:
    branches: [main]
jobs:
  docker:
    runs-on: ubuntu-latest
    steps:
      - uses: actions/checkout@v4
      - uses: docker/login-action@v3
        with:
          username: ${{ secrets.DOCKERHUB_USER }}
          password: ${{ secrets.DOCKERHUB_TOKEN }}
      - uses: docker/build-push-action@v5
        with:
          push: true
               tags: usuario/app:latest,usuario/app:$
{{ github.sha }}
```

Las credenciales se guardan en los secrets del repositorio, nunca en el YAML. Etiquetar también con el SHA del commit permite volver a una versión anterior con precisión cuando un despliegue sale mal.

**6. Investiga Docker secrets y refactoriza tu docker-compose.yml para no exponer contraseñas en texto plano.**

Los secrets de Docker montan el valor como archivo en lugar de exponerlo en el entorno:

```
services:
  db:
    image: postgres:16-alpine
    environment:
      POSTGRES_PASSWORD_FILE: /run/secrets/db_password
    secrets: [db_password]
secrets:
```

```
  db_password:
    file: ./secrets/db_password.txt
```

La ventaja es que las variables de entorno son visibles con `docker inspect` y suelen acabar en los logs, mientras que el archivo montado en /run/secrets no aparece en la configuración del contenedor. El archivo debe excluirse del control de versiones. En producción es preferible un gestor dedicado como AWS Secrets Manager, HashiCorp Vault o los secrets de Kubernetes.

www.ingramcontent.com/pod-product-compliance
Lightning Source LLC
La Vergne TN
LVHW010714061126
851857LV00014B/1188
* 9 7 8 9 5 6 0 3 0 6 6 9 2 *